아름다움을 다루는 직업 Ⅲ

음악가 · 무용가

• 이 책에서 다루는 직업 •

음악가 ┬ 작곡가
    ├ 편곡가
    ├ 작사가
    ├ 가수
    ├ 성악가
    ├ 연주자
    ├ 지휘자
    ├ 국악인
    ├ 음악 감독
    ├ 밴드 리더
    ├ 오케스트레이터
    ├ 카피스트
    ├ 엔지니어
    ├ 음악 평론가
    └ 음악 교사

무용가 ┬ 순수 무용가
    ├ 대중 무용가
    ├ 안무가
    ├ 무용 교사
    └ 치어리더

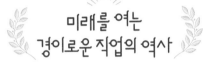

미래를 여는
경이로운 직업의 역사

아름다움을
다루는
직업 III

음악가·무용가

박민규 지음

내가 정말로 원하는 직업은 무엇일까?

'선생님'이 되어 아이들을 가르치고 싶은 사람도 있고, '의사'가 되어 아픈 사람을 치료해 주고 싶은 사람도 있고, '경찰관'이 되어 범죄를 저지른 사람을 잡고 사람들을 돕고 싶은 사람도 있을 것입니다. 선생님, 의사, 경찰관이 '된다'는 것은 바로 선생님, 의사, 경찰관이라는 '직업을 가진다'는 의미입니다.

우리는 저마다 자신의 희망, 적성, 능력에 따라 직업을 가집니다. 직업이란 사람이 경제적 보상을 받으면서 자발적으로 하는 지속적인 활동입니다. 직업을 가지게 되면 기본적인 경제생활을 할 수 있는 소득을 얻고, 사회 발전에 이바지할 수도 있고, 무엇보다도 자기가 가지고 있는 꿈을 실현할 수 있습니다. 그래서 한 사람이 살아가기 위해서는 '직업'을 가지는 것이 매우 중요합니다.

직업을 가지려면 먼저 그 직업이 하는 일은 무엇이며, 그 일을 잘하기 위해서는 어떤 능력이 필요하고, 사회에서 하는 역할이 무엇인지

아는 것이 중요합니다. 그래야 자신의 꿈을 이룰 수 있는 직업을 선택하고, 그 직업에 필요한 능력을 미리 갖출 수 있기 때문입니다.

2021년 기준 한국에는 약 1만 7천여 개의 직업이 있고, 해마다 새로운 직업이 생겨나고 있습니다. 수많은 직업 중에서도 특히 많은 사람이 관심을 갖는 직업들이 있습니다. 우리는 이 직업들이 처음에 어떻게 생겨났고, 시대의 변화에 따라 바뀐 점과 바뀌지 않은 점이 무엇인지 살펴볼 것입니다. 달라진 점을 살펴보면 그 직업이 앞으로 어떻게 변해 갈지를 예측해 볼 수 있습니다. 또한, 달라지지 않은 점을 바탕으로 그 직업의 진정한 의미와 가치를 찾아낼 수 있을 것입니다.

이 책이 여러분에게 '내가 정말로 원하는 직업이 무엇인지' 생각해 보고, 미래를 준비하는 데 도움이 되기를 바랍니다.

연주하고 노래하고 춤추는 직업

연극이나 음악, 무용처럼 관객 앞에서 공연하는 분야를 '공연 예술'이라 합니다. 공연 예술은 여러 종류인데요. 서커스, 마술, 곡예, 꼭두각시놀음, 거리 공연 등도 공연 예술입니다. 영화, TV, 라디오 같은 매체는 공연 예술을 전달하지요. 공연 예술을 직업으로 하는 사람이 '공연자(Performer 또는 Player)'입니다.

오랜 옛날 인류는 사냥감을 많이 잡기를, 곡식이 제대로 열매 맺기를, 아이들이 많이 태어나고 안전하게 자라기를 하늘에 기원했습니다. 제사에는 춤과 음악이 빠지지 않았어요. 사람들은 신이 소원을 들어주기를 바라며 춤을 추고 노래하고 악기를 연주했습니다. 음악과 춤을 주관하는 주술사, 무당, 사제는 그 사회에서 가장 중요한 인물이었는데요. 시간이 흐르며 음악과 춤은 점차 사람을 즐겁게 하고, 아름다움을 표현하는 수단이 되었습니다.

이 책은 악기를 연주하고, 노래를 부르고, 곡을 만드는 '음악가', 춤을 추는 '무용가'가 언제, 어떻게 탄생해서 오늘에 이르렀는지 살펴봅니다. 다음으로 현재 상황은 어떤지, 그리고 미래에는 어떻게 달라질지를 예측합니다. 부록에서는 어떻게 하면 그 직업을 구할 수 있는지 소개합니다.

직업마다 시간이 흐르면서 겉으로 드러나는 모양이 어떻게 달라지는지, 하는 일의 본래 의미가 무엇인지, 변한 것은 무엇이고 변하지 않는 것은 무엇인지, 인류 발전에 어떻게 이바지했는지를 이해한다면, 직업을 지금까지와는 다른 시각에서 볼 수 있을 것입니다. 또한 현재와 미래를 살펴 그 직업에 필요한 자질이 무엇인지, 어떤 준비를 해야 하는지, 앞으로 어떤 발전 가능성이 있는지도 알 수 있을 것입니다. 무엇보다도 책을 읽는 청소년들이 직업의 본래 의미를 이해해서 앞으로 어떤 직업을 선택하든지 자기가 하는 일에 보람을 느끼고 즐겁게 살아가기를 기대합니다.

2부 몸동작으로 의미와 아름다움을 표현하는 무용가

1부

소리로 아름다움을 창조하고 표현하는 음악가

음악가의
탄생과 변화

인류는 수만 년 전부터 소리를 재료로 음악을 만들었다. 고대 사회에서 하늘에 제사 지낼 때 노래와 악기 연주는 빼놓을 수 없었다. 음악은 그저 즐기기 위한 것만은 아니었다. 하늘이 숨긴 비밀을 푸는 열쇠이며 인간 사회 질서를 유지하는 법칙이었다.

고대 음악과 음악가

유적에서 발견한 고대 음악의 흔적

음악은 '소리'로 감정과 의미, 아름다움을 전달하는 예술이다. 수만 년 전부터 인류는 소리를 이용해 음악을 만들고 연주했다. 인류는 악기 연주보다 노래를 더 먼저 불렀다. 소리의 원리에 관한 이해가 필요했던 악기와 달리 입과 성대가 있으면 노래를 할 수 있었다. 어떤 학자는 수십만 년 전 네안데르탈인이 노래로 소통했다고 주장한다. 사람들은 고대 유적에 남은 악기와 악기를 연주하는 그림에서 과거 소리의 흔적을 찾았다.

독일 남부 슈바벤 지역의 동굴에서는 4만 년~3만 5천여 년 전쯤 만든 피리를 발견했다. 독수리나 백조 등 새 뼈나 매머드 상아를 재료로 썼다. 인류가 음악을 즐겼다는 가장 오래된 증거다. '북'과 같은 두드

독일 슈바벤 가이센클뢰스테를레 동굴에서 발견한 피리의 복제품. 백조 뼈로 만들었다.
ⓒJosé-Manuel Benito Álvarez

중국 지아호 유적에서 발견한 뼈 피리 (허난성 박물관)
ⓒasgitner

리는 악기는 이보다 더 전에 만들었으리라 짐작한다.

중국 허난성 지아호 유적에서는 기원전 6천 ~7천 년 전에 만든 '뼈 피리(골적)'를 발견했다. 학 다리뼈를 잘라 구멍을 뚫어 만든 피리다. 학자들이 이 피리를 시험

해보니 7개 음을 낼 수 있었다. 지금도 곡을 연주할 수 있다.

문명의 발전과 음악가

큰 강 주변 비옥한 땅에서 문명이 발전했다. 티그리스강과 유프라테스강 주변의 메소포타미아 문명, 나일강 주변의 이집트 문명, 인더스강 유역에서 발생한 인더스 문명, 황허강 유역에 등장한 황허 문명 등이다. 이 지역에는 사람들이 많이 모여 사는 도시가 생겨났고 국가와 종교가 체계적으로 자리 잡았다. 사람들은 금속으로 만든 도구를 이용했고, 문자를 만들어 사용했다.

문명이 발전하면서 직업 음악가도 등장했다. 음악가는 노래를 만

들고, 부르고, 악기를 연주했다. 당시에는 배우와 무용가, 음악가를 구분하기 어려웠다. 대부분 노래하고, 연주하고, 춤추고, 연기하고, 각종 묘기까지 선보이는 종합 예술인이었다. 이들은 왕의 대관식, 각종 종교 행사, 전쟁 승리 기념 축제, 추수 감사제 등 큰 잔치에서 중요한 역할을 했다. 결혼식이나 장례식 같은 개인 행사에도 빠지지 않았다. 군대가 행진할 때 곡을 연주해 박자를 맞추고 기운을 돋는 군악대도 중요했다. 음악은 군대에서 명령을 내리고 신호를 보내는 중요한 수단이었다.

메소포타미아와 이집트 지역 음악가

메소포타미아, 이집트 등에서 음악가는 대대로 물려받는 직업이었다. 당시 평민과 노예는 매일 중노동에 시달렸다. 전쟁으로 목숨을 잃는 일도 흔했다. 궁정이나 사원 소속 음악가는 대부분 노예였지만 다른 사람들보다는 편안한 삶을 살았다. 귀족들은 노예를 선물로 주고받았고, 외국 사신이 공물로 바치기도 했다. 이들은 궁이나 귀족들이 벌이는 잔치에서 노래를 부르고 춤을 추고 악기를 연주하고 재주를 선보였다.

소속된 곳 없이 활동하는 음악가도 있었다. 이들은 귀족 생일 파티 등을 찾아다니고, 축제 기간에는 거리에서 공연을 펼치기도 했다. 노래하는 사람과 연주하는 사람이 함께 일했고 무용가, 곡예사, 재주꾼 등이 함께하기도 했다. 보수로 음식이나 옷가지를 받기도 했다.

사제나 치료사도 음악가가 필요했다. 웅장하고 역동적인 음악은 신앙심을 키우는 데에 도움을 주었다. 치료사는 음악을 이용해 환자가 느끼는 고통을 덜기도 했다. 몇몇 사제나 치료사는 직접 음악을 배우기도 했다.

또한 당시 음악은 여성이 할 수 있는 몇 안 되는 활동이었다. 많은 귀족 여성이 결혼 전에 음악을 배웠다.

악기와 악보

이 당시 가장 대표적인 악기는 '리라'였다. 리라의 구조를 살펴보

기원전 2600년~기원전 2500년 사이 수메르 유적에서 발견된 벽화. 리라 연주자 모습이 담겨있다. (영국 박물관)

면 두 개의 막대 사이에 가로 막대를, 그 아래에는 울림통(공명통)을 두었다. 가로 막대와 울림통을 연결한 5~15개의 줄을 손톱이나 손끝, 작은 채로 튕겨 연주했다.

기원전 1800년 무렵 바빌로니아 음악가는 음악을 기록하기 시작했다. 악

기의 소리를 조정하는 방법(조율), 음이 높고 낮은 정도(음정), 연주 기법, 각종 노래를 점토판에 남겼다. 음정에는 이름을 붙이고, 곡을 기록하는 '기보법'을 만들었다. 곡

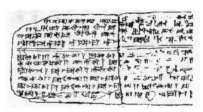

시리아 우가리트 유적에서 발견한 점토판 악보 사본. 가운데 두 개의 가로줄 위에는 가사, 아래에는 곡에 관한 설명이 적혀 있다.

과 가사는 따로 기록했다. 기보법과 악보가 만들어졌어도 여전히 대부분 음악가는 곡을 외워서 노래하고 연주했다. 시리아에서는 기원전 1400년 무렵의 악보를 발견했는데, 점토판에 쐐기문자로 여신을 찬미하는 가사와 가수 및 연주자를 위한 지침이 새겨져 있었다.

중국 신화에 등장하는 첫 음악가

이름난 중국의 첫 음악가는 순임금 시절 '기'이다. 유교 경전 『상서』('서경'이라고도 한다)에는 고대 국가에 관한 기록이 있다. 이 책은 순임금이 '기'라는 사람에게 음악을 맡겼다고 전한다. 기는 "제가 돌로 된 종을 두드리자 온 짐승이 따라 춤추었습니다."라고 말했다. 역사책 『여씨춘추』에는 "시골에서 기를 찾아 순임금에게 추천했다."라는 기록이 있다. 이를 보면 기는 귀족이나 지배층 출신이 아니었다. 기는 음악과 춤을 맡은 책임자였고, 연주 기술이 수준 높았으리라 짐작한다. 그는 당시 음악을 모으고 정리하여 모범을 만들었다고 한다.

고대 중국, 상나라의 무격

상나라는 중국 역사에 실존했다고 증명된 첫 나라이다. 상나라 수도였던 은허 유적지에서는 거북 껍데기(갑)와 동물 뼈(골)에 새긴 문자를 발견했다. 이를 갑골 문자라 한다. 갑골 문자 기록 중 음악과 점치는 방법에 관한 내용도 있다.

상나라 때는 하늘에 제사 지내고 점치는 일이 많았다. 나라에 중요한 일을 결정할 때도 반드시 제사를 지내고 점을 쳤다. 하늘과 소통하고 점을 치는 사람을 '무격'이라 했다. 무는 여성, 격은 남성이다. 무격은 나라의 중요한 결정에 참여하는 권력자였다. 제사 지내고 점칠 때는 음악과 춤이 따랐는데, 무격이 음악가이자 무용가 역할을 했다. 이때 공연한 음악과 춤인 '무악'이 널리 유행했다. 무악은 형식이 자유롭고 제한이 없었다. 사람들은 제사를 지낼 때면 며칠씩 계속해서 실컷 노래하고 춤을 추었다고 한다.

사치를 누리는 왕실 잔치에도 화려한 음악과 무용이 빠지지 않았다. 노래와 춤을 선보이는 사람은 대개 노예 신분이었다.

유적과 유물로 남아있는 우리나라 음악

울주 대곡리 반구대 암각화(바위 그림)에서 고대 우리나라 음악의 흔적을 찾을 수 있다. 원시 사회에서 탈을 쓰고 춤추는 모습이 새겨져 있는데, 음악 연주와 노래도 있었으리라 짐작한다.

기록에 남아 있는 가장 오래된 노래 가사로는 「공무도하가」를 전한다. 학자들은 이를 고조선 시대의 노래라고 보지만, 정확히 언제 노래인지는 알지 못한다.

함경북도 서포항 유적에서는 뼈로 만든 피리를 발견했다. 기원전 2000년 무렵 만들어진 피리로 추정한다. 길이가 짧고 구멍 간격이 가까워 실제로 연주했는지는 알 수 없다. 광주광역시 신창동에서는 기원전 1세기 무렵에 만든 고대 현악기 유물이 나왔다. 나무판 한쪽 끝에는 줄을 매는 구멍 10개가 뚫려 있다.

고대 그리스·로마 음악과 음악가

교육과 철학에 중요한 음악

고대 그리스에서 음악은 눈에 띄게 발전했다. 호머, 핀다로스 같은 위대한 시인이 만든 시를 노래처럼 낭송했다. 영웅, 전사, 왕자에 관한 이야기를 만들어 노래, 연주, 무용, 연기를 합쳐 공연했다.

그리스 사람들은 음악 교육을 중요하게 여기기 시작했다. 음악은 철학과도 관계가 깊었다. 기원전 6세기 활동했던 철학자 '피타고라스(기원전 570~기원전 495)'는 음악이 영혼을 깨끗하게 한다고 생각했다. 그는 음과 수학의 관계를 연구했고, 비례를 이용해 잘 어울리는 음인 '화음(하모니)'을 찾아냈다.

그리스인은 대부분 음악에 관심이 깊었지만, 직업 음악가는 많지 않았다. 그리스인들은 중요한 일은 남에게 시키지 않고 직접 해야 한

다고 생각했다. 음악은 직접 해야 하는 중요한 일이었다. 가족 모임이
나 잔치를 열면 음악가를 부르는 것이 아니라 참석자 중 누군가가 악
기를 연주하고 노래했다.

그리스에서 음악가로 살아가기

권력층이나 부유층의 후원을 받으며 그들을 위해 연주하고 노래하
는 음악가는 풍요로운 삶을 누렸다. 그래서 음악가들은 좋은 후원자
를 구하려고 치열하게 경쟁했다.

음악 경연 대회에 참가해서 상을 받아도 음악가로 성공할 수 있었
다. 음악 경연 대회는 체육 경기(올림픽)만큼 그리스인들이 사랑한
오락이었다. 리라를 켜며 노래하는 음악가를 최고로 꼽고, 그다음은
악기 연주자였다. 합창이나 독창하는 가수들은 가장 평가를 낮게 받
았다.

그리스가 사랑한 또 다른 예술은 연극이었다. 연극은 그리스에서
황금기를 맞이했다. 연극이 성행하는 만큼 음악가의 수요도 늘었다.
연극 무대에는 '코러스(합창단)'가 함께 올라갔기 때문이다. 코러스는
노래도 하고, 배우와 대사도 주고받았다. 코러스 가수는 대부분 아마
추어였고, 코러스 책임자는 연극에서 극작가만큼이나 중요했다.

각종 의식과 행사에는 '악단'이 참가했다. 악단에는 직업 연주자와
아마추어 연주자가 모두 있었다. 악단장은 '아울레테스'라 불렸다. 피

리의 한 종류인 '아울로스' 연주자란 뜻이다. 아울레테스는 존경받는 직업이었다.

사람들이 부르는 곳에 가서 연주하는 연주자도 있었다. 그들은 즉흥 연주도 자주 했다. 디오니소스 축제에 참여하는 연주자와 가수가 '디오니소스 예술가'라는 조직을 만들기도 했다. 여성 연주자도 있었지만 이들은 경연 대회에 출전하지 못했다.

그리스 악기

그리스인은 리라, 아울로스, 키타라 등을 주로 연주했다. 그리스의 '리라'는 줄이 일곱 개로, '칠현금'이라고도 부른다. '아울로스'는 관악기로 일종의 피리였다. 입으로 긴 통 두 개를 함께 불어 소리를 냈다.

노래하는 가수(왼쪽), 아울로스를 부는 남성 연주자(중앙), 키타라를 타는 여성(오른쪽)

통에 뚫린 구멍을 손으로 막거나 열어 음을 조절했다. '키타라'는 커다란 리라였다. 행진, 종교 의식, 야외극장 공연 등에서 사용했다. 연주자는 서서 키타라를 연주했다. 기원전 6세기 무렵부터는 아울로스와 키타라로 독주를 했다.

로마 음악가

로마 초기에는 '티비아'라는 악기를 중요하게 여겼다. 티비아는 아울로스와 비슷한 관악기이다. 사람들은 티비아 소리가 악귀를 몰아내고 좋은 기운을 불러들인다고 생각했다. 종교 의식, 군대 행진, 극장 공연, 결혼식, 장례식 등에서 티비아 연주가 빠지지 않았다. 티비아 연주가는 귀한 대접을 받았다. 일반적으로 티비아 연주가와 리라 연주가가 함께 다녔다.

기원전 27년, 로마는 로마 제국이 되었다. 로마 제국은 전 유럽으로 세력을 넓히기 위해 강한 군대와 실용적인 기술을 중요하게 생각했다. 사람들은 점차 음악가를 쓸 모없는 떠돌이라고 여겼다. 사람들은 음악가를 그럴듯한 직업을 찾지 못하는 무능력자가 택하는 직업이라고 생각했다. 심지어 로마인들은 그리스인이 음악을 좋아했던 이유는 기질이 강건하지 못하기 때문이며, 음악 때문에 그리스가 약해지고 몰락했다고까지 생각했다. 로마 시민은 춤과 노래, 악

마르쿠스 아우렐리우스 개선문, 가운데 관악기를 부는 사람이 티비아 연주가이다.
(로마 카피톨리누스 박물관)

기 연주를 직업으로 삼지 않았다. 연극 무대나 길거리에서 공연하는 음악가는 대부분 노예였다.

존중받는 군악대

로마에서 음악가는 대부분 좋지 않은 대접을 받았지만 '군악대'만은 존중받았다. 군대가 작전을 펼 때는 항상 군악대가 따랐다. 군악대는 '호른'이나 '트럼펫'처럼 금관악기(금속으로 만든 관악기)를 주로 사용했다. 처음에는 군악대도 노예로 이루어져 있었다. 그러나 시간이 흐르고 군악대의 중요성이 커지면서 부사관* 계급 군인이 군악대가 되었다.

군악대는 기상, 보초 교대 시간 등을 음악으로 알렸다. 전진, 공격,

금관악기를 연주하는 고대 로마인 조각
(이탈리아 아브루초 국립박물관)

후퇴 같은 신호도 군악대 연주로 전달했다. 전투가 벌어지면 군악대는 음악으로 군사들의 기운을 북돋웠다. 우렁찬 음악으로 적군의 사기를

---

* 장교와 사병 사이 중간 계급.

꺾는 역할도 했다. 그 외에도 전쟁에 이기고 돌아온 다음의 개선식, 행진, 유력 인사의 장례식 등에서도 군악대가 연주했다. 3세기 무렵에는 군악대 음악가 조합도 만들어졌다.

사람들은 군악대를 제외한 음악가는 천하게 여겼다. 황제가 음악을 좋아하면 음악가의 대우가 잠시 좋아지기도 했다. 로마 제5대 황제 '네로(기원전 37~기원전 68)'는 음악을 사랑해서 직접 키타라를 연주하며 노래하기도 했다. 로마인들은 노래하는 황제를 탐탁지 않게 여겼다.

어느 정도 인정받는 음악가도 있었지만, 대부분 음악가를 술집이나 길거리를 떠도는 부랑자나 악당으로 취급했다.

고대 중국 음악과 음악가

발전하는 주나라의 음악

상나라를 이은 주나라에서 각종 제도와 문물이 체계를 잡았다. 음악도 발전하여, 높이에 따라 음을 12개로 구분해서 '십이율'*이라 했다. 여러 악기를 새로 개발했는데 '금琴'이 가장 중요한 악기였다. 금은 나무로 만든 긴 울림통에 다섯 개의 줄을 맨 현악기였다. 후에 주나라를 세운 문왕과 무왕을 기리기 위해 두 줄을 더해 '칠현금(일곱 줄을 맨 금)'이라 했다.

각종 궁중 행사에서는 궁중 음악 '아악雅樂'을 연주했다. 아악은 엄격한 규칙을 따랐다. 목적, 장소, 관객에 따라 연주 규모와 순서를 다

---

* 각 음의 이름은 황정, 대려, 태주, 협종, 고선, 중려, 유빈, 임종, 이칙, 남려, 무역, 응종이었다.

르게 정했다. 왕과 귀족이 앉은 마루 위(당상)에는 현악기와 가수가 자리 잡았다. 아래 마당(당하)에는 북이나 피리 같은 타악기와 관악기를 배치했다.

주나라는 음악을 매우 중요하게 여겼다. 음악은 백성을 화합하고 법도를 따르게 하는 도구였다. 음악 교육도 크게 늘어 '대사악'이라는 관리가 음악과 예절 교육을 책임졌다. 귀족 자제는 음악과 춤, 시를 반드시 익혀야 했다. 이들이 연주나 노래를 업으로 삼지는 않았고, 직업 음악가는 대부분 하층 계급이었다.

혼란스러운 춘추 전국 시대의 음악가

기원전 770년~기원전 221년 사이 중국에는 여러 왕과 제후가 등장하여 패권을 다투었는데, 이 시기를 춘추 전국 시대라 한다.

전쟁이 끊이지 않는 이 혼란스러운 시기에 다양한 사상이 발전했다. 학자마다 음악에 관한 생각도 달랐다. 공자를 비롯한 유학자들은 음악이 사회 질서를 유지하고 백성을 바르게 하는 데 도움을 준다고 생각했다. 반면 사람을 두루 사랑해야 한다(겸애)고 주장한 철학자 묵자는 음악이 불필요하다고 생각했다. 권력자가 음악을 좋아하고 사치를 일삼으면 백성이 고생하기 때문이다.

이 시기에는 전문 음악 이론을 담은 『악기樂記』라는 책이 나왔다. 공자는 전해지는 노래 가사를 간추려 『시경』을 펴냈다. 시경은 유교

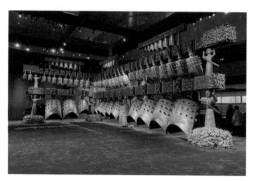

중국 후베이성 옛 무덤에서 발굴한 전국 시대 편종
(후베이성 박물관)

경전 중에서도 으뜸으로 친다.

당시 금 연주는 지식인이라면 반드시 갖추어야 하는 교양이었다. 공자도 금을 잘 탔다고 한다. 이름난 금 연주가로는 '백아', '옹문주' 등이 있었다. '편종'이라는 악기도 널리 퍼졌다. 편종은 금속으로 만든 종을 나무틀에 걸어 둔 악기다. 긴 나무 막대나 망치로 종을 쳐서 연주했다.

궁정에 속하지 않고 활약하는 민간 음악가도 늘었다. '진청'은 노래를 잘하기로 유명했다. 여성 가수 '한아'도 이름을 후대에까지 전했다. 한아는 감정 표현에 뛰어났다고 한다.

한나라 음악

기원전 221년 진나라가 중국을 통일했다. 그러나 진나라는 오래가지 못하고 15년 만에 망해서 남은 기록이 많지 않다. 진나라 음악에 관한 자료도 많이 남아 있지 않다.

뒤를 이은 한나라에서는 「상화대곡」, 「고취악」 등 새로운 음악이

'여음요량 삼일부절'과 '백아절현'

유명한 가수였던 한아가 동쪽으로 여행을 떠났다. 양식이 다 떨어진 한아는 어느 집을 찾아가 노래를 불러 주고 밥을 얻어먹었다. 한아가 떠난 뒤에도 그녀가 부른 노래가 사흘이나 대들보를 휘돌았다고 한다. 사람들은 한아가 아직 떠나지 않았다고 생각했다. 이에 "남아 있는 소리(여음)가 들보를 맴돌아(요량) 사흘간(삼일) 끊이지 않았다(부절)."라는 고사성어가 남았다.

금 연주로 유명한 백아에게는 '종자기'라는 친구가 있었다. 종자기는 백아의 연주를 제대로 이해하는 친구였다. 백아가 큰 산을 상상하며 연주하면, 종자기는 '산처럼 웅장하다'라고 느꼈다. 강을 생각하며 연주하면 '강물처럼 힘차구나'라고 평했다. 종자기가 세상을 뜨자 백아는 "세상에 내 음악을 알아주는 사람이 없다."라고 한탄했다. 백아는 금을 부수고 현을 끊어 다시는 연주하지 않았다고 한다. 이 이야기에서 "백아가 현을 끊다(절현)."라는 고사성어가 나왔다.

등장했다. 상화대곡은 노래와 연주, 춤을 함께한다. 먼저 악기 연주가 시작하고, 이어 노래 단락이 나온다. 마지막으로는 빠른 음악과 춤이 뒤따른다. 고취악은 사냥할 때 서로 연락하는 신호와 국경에 적이 침입하면 알리는 신호가 음악으로 발전한 것이다. 뿔피리, 나무 피리, 북 등으로 연주하고 노래를 부르기도 했다. 군대가 행진할 때, 전쟁에서 승리하고 돌아올 때, 황제가 나라를 돌아볼 때, 장례식을 치를 때에 고취악을 연주했다.

3세기 무렵에는 중앙아시아로부터 불교가 들어왔다. 외국 음악과

한나라 시대 북을 치는 사람 모양의 토기 (왼쪽, ⓒMary Harrsch), 16세기 말~17세기 초 비파. (오른쪽, 메트로폴리탄 미술관)

악기도 들어왔는데, '비파'도 이때 전해졌다. 비파는 물방울 모양 몸통에 줄 네 개 또는 다섯 개를 단 현악기로, 중국을 대표하는 악기가 되었다.

진나라에는 음악을 담당하는 정부 기관인 '악부'가 있었다. 한나라는 이 악부의 규모를 키웠다. 악부는 중국 전역에서 민간 음악을 모았다. 옛 노래에 새 가사를 붙이고 음악 이론을 연구했다. 악부에서 노래하고 연주하는 음악가는 천여 명이나 되었다. 악부는 민간 음악 발전에 크게 이바지했으며, 민간 음악을 보존하고 기록해 후대에 남겼다.

수, 당 시대 음악

한나라 이후 중국은 다시 여러 나라로 나뉘었다. 581년 수나라가 중국을 통일했다. 수나라에서는 잔치에서 연주하는 '연악'이 발전했다. 연악은 대부분 춤과 노래, 연주를 어우른 '대곡'이었다. 기악, 노래, 빠른 음악으로 이어지는 형식은 한나라의 상화대곡과 흡사했다.

수나라는 음악을 체계적으로 정리하고자 일곱 가지 종류(칠부기)로 나

당나라 시대 음악가를 그린 위린 동굴 벽화. 가장 아래의 음악가는 비파를 연주하고 있다.

누었다가 나중에는 아홉 가지(구부기)로 구분했다. 이 분류에는 '고려기'라는 우리 음악도 있었다. 수나라를 이은 당나라는 음악을 구부기와 십부기로 정리했다.

연주 방법에 따라 실내에 앉아서 연주하는 '좌부기'와 마당에 서서 연주하는 '입부기'로 나누기도 했다. 좌부기는 연주자 수가 적고 실력이 뛰어났다. 입부기는 연주자 수가 많았고 연주 기술은 좌부기만 못했다.

당나라 음악 기관 대악서

당나라에는 음악을 관리하는 기관이 여럿 있었다. '대악서'는 아악과 연악을 연주하고 음악가를 교육했다. 연주하는 '악인'과 노래하는 '음성인' 명부를 만들어 관리했는데 이들은 15년 동안 각종 시험을 치르고 50곡 이상을 연주할 수 있어야 졸업했다. 시험 성적이 나쁘면 쫓겨나기도 했다. 음악 교사도 등급이 매겨졌고, 가르치는 학생의 성적에 따라 상벌을 받았다.

'고취서'는 고취악을 담당했다. 대악서에서 좋은 평가를 받지 못한 음악가가 고취서로 갔다. '악부'에서도 음악을 가르치고 음악가를 관리했다.

음악을 사랑한 황제, 현종

당나라 제6대 황제 '현종'은 712년 황제 자리에 올랐다. 당나라 번영을 이끈 현종은 음악에도 재능이 있었다. 그는 40여 곡을 작곡하고 직접 음악가들을 가르치기도 했다. 유명한 음악가들과 함께 연주를 즐기기도 했는데, 장구와 비슷한 '갈고'라는 악기를 치며 악단 지휘자 역할을 했다. 세로로 부는 피리 '적'도 잘 불었다. 신하들이 모두 모인 조회 자리에서도 옷 속에 적을 품고 작곡을 생각했다는 이야기도 있다. 현종은 말년에 유명한 미인 '양귀비'를 후궁으로 삼고 사치와 향락에 빠진 것으로도 유명하다. 결국 큰 반란이 일어나 나라가 혼란해졌고 그는 황제 자리를 내려놓았다. 현종은 죽기 전날까지 옥피리를 불었다고 한다.

삼국과 통일신라 음악

고구려 음악

고구려에서는 백제나 신라보다 먼저 음악이 발전했다. 중국과 교류하며 외국 음악과 악기를 접한 것이다. 고구려는 불교와 함께 서역 음악도 접했고, 고구려 음악을 중국에 전하기도 했다. 고구려 음악인 '고려기'는 중국 수나라와 당나라 궁정에서도 연주되었다. 일본에도 '고마 가쿠(고려악)'이라는 고구려 음악이 전해졌다. 안악 3호분에 남아 있는 벽화에서 고구려인들이 연주하는 모습을 확인할

고구려 안악 3호분 벽화, '악대, 뿔 피리 부는 사람'(동북아역사재단)

거문고 (국립국악원)

수 있다.

4세기 무렵 고구려 재상 '왕산악'이 중국 칠현금을 고쳐 새로이 '거문고'를 만들었다. 그는 거문고 연주곡도 100여 곡이나 만들었다. "왕산악이 거문고를 연주하니 검은 학이 내려와 춤을 추었다."라는 이야기도 전한다. 거문고는 고구려의 대표 악기가 되었다.

고구려에서 음악과 관련한 기관이 있었는지는 확실히 알지 못한다. 그러나 중국이나 일본에 음악가를 보낸 사실로 미루어 보면 음악을 담당하는 관청이 있었으리라 짐작한다.

백제 음악의 흔적

4세기 이후 발전한 백제는 중국 남쪽 왕조와 교류하고, 일본에 각종 문물을 전했다. 오늘날 남아 있는 유적에서 백제 음악의 흔적도 찾을 수 있다.

1993년에 6~7세기 백제 궁정에서 제사 지낼 때 쓰던 커다란 청동 향로를 발견했다. 이 백제 금동대향로 뚜껑에는 산, 사냥하는 사람, 각종 동물, 나무와 바위, 시냇물과 폭포 등이 새겨져 있었다. 이와 함

께 악기를 연주하는 음악가 다섯
명의 모습이 확인되었다. 음악가
들은 각각 '퉁소', '월금'*, '북', '거
문고', '배소'**를 연주한다.

백제 금동대향로의 봉황 장식 아래 악사들이
연주하고 있다. (국립부여박물관)

대전 서구 월평동 유적에서는
백제 시대에 사용했던 현악기의
부속품을 발견했다. 줄을 매는 부
분이 귀를 닮았다 해서 '양이두'라
한다. 양이두에는 줄 매는 자리가
여덟 군데 있었다. 줄을 여덟 개 매는 현악기는 다른 곳에서는 찾지
못해서 백제 고유 악기가 아닐까 짐작한다. '백제 팔현금'이라 부르기
도 한다.

민간에서 불렀던 노래 제목도 몇몇 남아 있다. 하지만 제목 말고는
자세한 기록이 없어 구체적 내용은 알지 못한다.

가야금과 신라 음악

낙동강 유역에는 한반도 중남부에 있었던 작은 국가 12개가 모인
연맹 가야국이 있었다. 5세기 무렵까지 힘을 떨쳤으나 6세기 초 힘을

* 한국, 중국, 일본, 베트남 등지에 전하는 전통 현악기, '완함'이라고도 한다.
** 가는 대나무를 16개를 길이 순서대로 묶은 관악기.

산조가야금 (국립국악원)

잃기 시작하여 결국 562년, 신라에 의해 멸망하였다.

가야 왕 '가실왕'은 중국에서 전해진 악기를 고쳐 '가야금'을 만들었다. 가야금은 폭이 좁고 긴 나무통 위에 줄 12개를 건 현악기이다. 거문고와 더불어 우리 악기를 대표한다. 왕은 음악가 '우륵'에게 가야금 곡을 만들라고 명령하였고, 우륵은 12곡을 만들었다. 가야가 망하자 우륵은 신라에 가서 진흥왕을 섬겼다. 그는 신라 관리에게 가야 음악과 가야금 연주를 가르쳤다.

신라 노래에 관한 기록도 있다. 한가위 날 여성들이 길쌈(옷감을 짜는 일)하며 부른 노래 「회소곡」, 일본에 잡혀갔던 왕자를 구하고 부른 노래 「우식곡」 등이 있었다.

신라는 고구려나 백제에 비해 외래 문물을 늦게 접했다. 대신 신라에서는 고유한 특징을 지닌 음악이 발전했다. 신라에는 음악 행정과 교육을 담당한 관청 '음성서'가 있었다. 음성서는 국가 행사에 필요한 음악을 연주했다. 음성서에 속한 음악가는 '척'이라 불렸다. 가야금

연주가 백결 선생

기악 연주로 이름을 날린 음악가도 있었다. 삼국 시대 역사를 기록한 『삼국사기』
에는 '백결 선생'이 나온다. 백결 선생은 5세기 초 신라 사람으로, 거문고를 잘 타
기로 유명했다. 그는 집안이 몹시 가난해 옷을 백 번이나 기워 입었다고 해서 '백
결'이라는 이름을 얻었다. 어느 해 연말, 집집이 떡 만드느라 방아 찧는 소리가 끊
이지 않았다. 백결 선생의 부인이 이를 부러워하며 가난한 신세를 한탄했다. 백결
선생은 부인을 위로하기 위해 거문고로 떡방아 소리를 흉내 냈다. 이 연주를 훗날
'방아타령'이라 불렀다.

연주자는 '금척', 관악기 연주자는 '가척笳尺', 노래하는 사람은 '가척
歌尺', 춤추는 사람은 '무척'이었다. 공연에서 맡은 역할에 따라 옷차
림도 달랐는데, 악기 연주자는 푸른색, 춤추는 무용가는 붉은색, 노래
부르는 가수는 여러 색깔 옷에 금실이 달린 부채를 들었다.

삼국 시대 음악가의 지위

삼국 시대에 음악가는 사회적 지위가 높았다. 왕산악은 고위 관리
였고, 우륵은 왕족을 비롯해 신분이 높은 제자들을 두었다. 신분 높은
제자들도 우륵의 앞에서 무릎 꿇고 술잔을 올렸다고 한다.

신라 관리는 총 17등급으로 이루어져 있었다. 이를 17관등이라고
했다. 음악 관청 음성서 책임자는 11~13등급 정도로 낮았다. 소속 음

악가도 하위 귀족 출신이었다.

백제 관리는 모두 16등급으로 나눴다. 일본에 음악을 전하러 갔던 백제의 관리들은 10등급인 '대덕'과 13등급인 '계덕'이었다.

통일 신라 음악

향토 음악을 '향악'이라 한다. 삼국을 통일한 신라는 향악에 고구려와 백제 음악을 받아들였다. 신라를 대표하는 악기로는 세 종류의 현악기(삼현) 가야금, 거문고, 향비파와 세 관악기(삼죽) 대금, 중금, 소금이 있었다.

신라는 외국과 교류도 활발했다. 중국 음악인 '당악'이 신라로 들어와 신라 왕족, 귀족, 지배층이 즐겼다. 불교 의식(재)을 지낼 때 부르는 노래인 '범패'도 등장했다. 신라 승려 '진감선사(774~850)'는 당나라에 가서 범패를 배워 와 많은 제자에게 가르쳤고, 일반인에게도 퍼졌다. 신라 승려가 만든 범패도 있었다. '원효대사(617~686)'는 직접 만든 「무애가」를 부르며 불교를 전했다. 신라에서는 한자의 음과 뜻을 빌리는 '향찰'로 노래를 기록했다. 이를 '향가'라 한다. 향가는 『삼국유사』에 14수, 『균여전』에 11수가 남아 있다. 악보가 남아 있지 않아 음은 알 수 없지만 노래로 불렀으리라 짐작한다.

중세 이후
음악과 음악가

음악가는 왕이나 귀족을 위해 노래를 부르고 곡을 연주했다. 중세 시대 서양 음악은 기독교의 영향 아래 발전하였다. 근대 이후에는 산업과 경제가 발전하면서 음악을 감상하는 사람이 늘어났다.

서양 음악과 음악가

기독교 음악과 그레고리오 성가

서로마 제국이 멸망하고 유럽 음악은 크게 달라졌다. 중세 유럽은 기독교가 지배했고, 음악은 교회를 중심으로 발전했다. 기독교 의식에는 늘 음악이 뒤따랐고, 교회 음악을 기록하기 위한 '기보법'이 만들어지기도 했다.

교회는 즐거움을 위한 음악은 거부했다. 기독교 신학자이자 철학자인 '아우구스티누스(354~430)'는 음악이 신앙심을 불러일으킨다고 인정했다. 동시에 음악의 아름다움에 빠져들면 안 된다고 경고했다.

8세기 무렵 교회는 '스콜라 칸토룸'이라는 성가대를 중심으로 그때까지 전해지던 종교 음악을 모아 체계화했다. 스콜라 칸토룸은 교황이 의식을 거행할 때 노래하던 합창단이다. 이렇게 교회에서 정리한

2~3세기 로마 스콜라 칸토룸 모자이크 (이탈리아 카푸아 박물관)

음악은 9세기 이후 유럽 전체로 퍼졌으며, 이후 가톨릭교회에서 예식을 지낼 때 공통으로 사용했다. 이를 「그레고리오 성가」라 한다. 그레고리오 성가는 멜로디가 하나뿐인 '단성 음악'이었으며 악기 반주가 없었다. 모든 사제가 성가를 불렀고, 독창과 합창을 교대로 했다.

다성 음악으로 발전하다

음악 자체에 관심을 가진 사제들도 있었다. 이들은 단성 음악에 다른 멜로디를 추가해 '다성 음악'을 만들었다. 원래 멜로디를 따르면서, 높이만 다른 음을 추가한 것이다. 이를 '오르가눔'이라 한다. 원래 멜로디를 '주성부', 추가한 부분을 '부차 성부'라 불렀다. 점차 성부마다 다른 가사를 붙이기 시작했는데, 이를 '모테트'라고 했다. 하나의 곡 안에 여러 멜로디와 가사가 등장하면서 노래는 풍부하고 화려해졌다. 그만큼 원래 멜로디가 무엇인지 잘 구별할 수 없게 되었다.

음유시인과 유랑 배우

종교 음악이 아닌 일반 사람들이 즐겼던 세속 음악도 발전했다. 로마 멸망 후 유럽에는 이민족이 세운 나라가 등장했다. 이민족 출신 왕은 '음유시인'을 궁정에 초청해서 공연하도록 했다. 이들은 시를 읊고 노래를 불렀다. 영국 대브리튼섬에서 활동하던 이들은 '바드bard'라 했고, 서유럽에서는 '스콥scope', 북유럽에서는 '스칼드skald'라고 불렸다.

음유시인은 귀한 대접을 받았다. 이들은 이야기꾼이자 시인, 작곡가, 가수, 역사가였다. 때로는 나라 사이에 소식을 전하고, 자기가 섬기는 왕의 업적을 널리 알리기도 했다. 노르웨이, 스웨덴 등 북유럽에서는 음유시인을 '현자'라고 부르며 왕실 고문으로 삼았다. 영국 궁정에서는 음유시인에게 관직을 내리고 많은 보수를 주었다.

일반 시민을 관객으로 공연하는 유랑 배우도 있었다. 로마 제국 말기에 거리에서 노래하고 춤추고 연기하는 사람들은 평판이 나빠 교회와 정부가 단속했다. 그러나 유랑 배우들은 단속을 피해 여기저기 떠돌며 노래하고 춤췄다. 곡예, 마술, 칼 던지기, 입으로 불 뿜기 같은 묘기도 선보였다. 공연 대가로 돈은 얼마 받지 못하고, 잠자리나 먹을 거리만 겨우 얻으면서 지내고는 했다. 아주 드물게 궁전에서 공연하고 인기를 얻는 유랑 배우도 있었다.

새로운 음악가가 등장하다

기독교 사제는 음악 발전에 크게 이바지하였으나 이들이 전문 음악가는 아니었다. 교회는 사제가 되려는 젊은이를 뽑아 엄격히 가르쳤는데, 사제가 되기를 포기하고 음악을 더 공부하기로 선택하는 사람도 있었다. 이들은 그동안 배운 음악 지식으로 음악가가 되었고, 이들을 '골리아드'*라고 했다. 골리아드는 중간 계층 이상에서 처음으로 등장한 전문 음악가였다.

당시 노래 내용은 대부분 종교나 도덕과 관련한 것이었으나 골리아드는 낭만적인 사랑, 술, 도박, 오락 등에 관한 노래도 했다. 그들은 기독교 도덕과 윤리를 비꼬고, 교회와 귀족을 비웃었다. 골리아드는 상류층 관객의 관심을 끄는 데에도 성공했는데, 이는 골리아드가 상류층 지식인만 아는 라틴어로 직접 시를 쓰고, 거기에 곡을 붙여 노래했기 때문이다. 당시 음유시인들은 대개 전해 내려오는 노래를 부르고 상황에 따라 일부 가사만 고쳐 부르고는 했다. 그런 상황에서 골리

---

* '방황하는 학생' 또는 '성직자'를 뜻한다.

아드의 새로운 공연이 상류층의 관심을 끈 것이다.

대중 예술가

골리아드보다 더 대중적이고 화려한 공연을 하는 연주가도 있었다. 11세기 말 프랑스 남부에는 '트루바루드'가 활동했다. 이들은 남부 프랑스 사투리(오크어)로 시를 쓰고 곡을 만들었다. 트루바루드 중에는 지위가 높은 귀족 출신도 있었다.

트루바루드는 자기가 만든 작품을 직접 연주하고 노래하기도 했지만, 모두 솜씨가 뛰어났던 것은 아니다. 트루바루드는 자기 작품을 '종글뢰르'를 통해 세상에 알렸다. 종글뢰르는 트루바루드로부터 곡을 받아 노래하고 연주했는데, 작곡가로부터 곡을 받아 노래하는 가수였던 셈이다. 종글뢰르는 여기저기에서 음악뿐 아니라 춤, 곡예, 마술 등 각종 공연을 선보였다.

13세기 무렵에는 이런 전문 음악가, 예술가를 '민스트럴'이라 했다. 민스트럴은 조합을 만들었고, 민스트럴이 되려는 사람들에게 음악을 가르쳤다. 14세

현악기를 연주하는 트루바루드를 그린 13세기 그림

기 초에는 음악 학교를 만들고, 파리에서 수준 높은 음악 강연도 열었다. 민스트럴이 연 음악 학교를 기반으로 음악가는 여러 도시와 국가에서 활동했다.

작곡, 연주, 노래

트루바루드가 활동하면서부터 음악을 창작하는 '작곡'이 독립된 일로 자리 잡았다. 오늘날 음유시인이라고 하면 악기를 연주하며 노래하는 모습을 주로 떠올린다. 그러나 실제로 악기 연주와 노래를 둘 다 잘하는 사람은 몇 없었다. 귀족이 음유시인을 초청할 때면 연주 잘하는 사람과 노래 잘하는 사람을 모두 불렀다. 15세기 무렵부터는 전문 연주자가 따로 활동하기 시작했다. 여러 악기 중에서 트럼펫 연주

이쿼로이 원주민과 저작권

북아메리카 뉴욕 북부에 살던 아메리카 원주민 이쿼로이 족에는 독특한 전통이 있었다. 노래를 만든 작곡가나 작사가가 세상을 떠나면 그 사람이 만든 노래를 더 이상 부르지 않았다. 이쿼로이 원주민은 음악은 하늘이 개인에게 내려준 능력이라고 생각했다. 그래서 그 사람이 세상을 떠나면 그 능력도 사라지며, 다른 사람이 함부로 침범할 수 없었다고 믿었다.

자가 제일 좋은 대접을 받았다.

음유시인은 공연할 때 그 자리에서 즉흥적으로 곡과 가사를 바꾸기도 했다. 17세기 이전까지는 작품을 만든 사람이 가지는 권리인 '저작권'이라는 개념이 없었다. 누군가 음악을 발표하고 공연하면, 누구라도 따라 하거나 내용을 고칠 수 있었다.

독일 민네쟁어와 마이스터징거

12세기 후반부터 독일에서는 '민네쟁어'라는 음유시인이 활약했다. 민네쟁어는 직접 음악을 만들어 노래를 불렀다. 이들이 부른 노래를 '민네장'이라 한다. '민네'는 사랑, '장'은 노래라는 뜻으로, 주로 서정적인 사랑 노래였다. 민네쟁어들은 누구의 작품이 가장 뛰어난지 공개적으로 경쟁했다.

14세기 이후 독일 작사가와 작곡가들은 조합을 만들었는데, 조합

16세기 뉘른베르크의 유명한 마이스터징거 한스 작스(Hans Sachs, 1494~1576)

원들을 '마이스터징거'라고 했다. 주로 도시에서 상업이나 수공업에 종사하면서 음악 활동을 하는 사람들이었다. 이들은 학교를 세워 마이스터징거를 양성했다. 마이스터징거는 음악을 훈련으로 배울 수 있는 '기술'이라고 여겼다. 이들은 '타불라루트'라는 규칙을 만들어 시를 쓸 때 사용하는 운율, 멜로디의 구조, 단어 등을 모두 정해놓았다. 마이스터징거는 16세기까지 활발히 활동했다.

저물어가는 궁정 음악가

15세기가 지나고 도시가 성장하며 상업과 수공업이 발전했다. 상인과 장인이 부를 차지했고 왕과 봉건 영주는 힘을 잃어갔다. 궁정과 귀족 아래에서 일하던 음악가들도 일자리를 잃었다.

새로운 일자리도 생겼다. 영국은 도시마다 자체적으로 '야경꾼'을 두

엘리자베스 시대 전형적인 원형 지붕 개방형 극장에서의 리허설 스케치 (1596)

었다. 밤에 도시를 순찰하며 범죄를 단속하는 야경꾼 조직은 자체 악단을 만들었다. 그들은 중요한 날이면 멋지게 차려입고 도시를 행진하며 연주했다. 큰 축제나 행사에도 자주 초청되어 공연했다.

또한 16세기에는 유럽 전역에 상설 극장이 많이 생겼다. 음악가들도 상설 극장 무대에 올라 공연하기 시작했다.

발전하는 교회 음악

교회 음악은 크게 발전했다. 서로 어울리지 않는 '불협화음'을 사용하기 시작했고, 리듬도 다채로워졌다. 합창 방식도 달라졌다. 두 집단이 서로 번갈아 노래를 불렀다.

14~15세기에 교회는 대형 건반 악기인 '오르간'을 들여놓았다. 오르간은 피아노와 비슷한 악기로, 파이프 속으로 공기가 들어가 소리를 낸다. 노래(성악) 없이 오르간만 연주하기도 했다. 큰 교회는 가수(성악가)와 오르간 연주자, 합창단 지휘자를 고용했다. 합창 단원은 아마추어였지만 합창단 지휘자는 대부분 전문 음악가였다.

독일 18세기 오르간

16세기에 이탈리아 출신 음악가 '조반니 피에를루이지 다 팔레스트리나(1525?~1594)'는 교회 음악 발전에 크게 이바지했다. 그는 종교음악만 작곡했는데, 그레고리오 성가를 대신하는 새로운 교회 음악을 만들어 냈다.

기악과 인쇄술

16세기 이전까지 음악은 '성악' 위주였다. 악기로 연주하는 '기악'은 15세기 말부터 인기를 얻었다. 기악 연주 발전에 도움을 준 것은 인쇄술의 발전이었다. 전에는 악보를 일일이 손으로 그려야 했기 때문에 대부분 연주자는 가진 악보가 없었다. 연주자들은 가수가 부르는 멜로디에 맞춰 연주하고는 했다. 그런데 인쇄술이 발전하며 악보를 쉽게 찍어낼 수 있게 되었다. 악보를 가지게 된 연주자들은 불분명한 기억에 의존하거나 즉흥 연주를 하는 것이 아니라, 곡을 정확하게 연주할 수 있게 되었다.

기악 연주가 발전하면서 새로운 악기와 음악 형식도 생겨났다. 작곡가들은 성악만큼이나 흥미롭고 아름다운 기악 작품을 쓰기 시작했다.

오페라의 등장

'오페라'는 대사 전체 혹은 일부를 노래로 하는 음악극이다. 독창,

합창, 기악 연주, 무용이 함께 어우
러진다.

16세기 이탈리아 피렌체의 음악
가들은 '카르마타'라는 모임을 꾸
려 문화와 예술을 주제로 토론하
고 연구했다. 이들은 고대 그리스
비극이 전부 노래로 되어 있었다
고 믿었으며, 고대 그리스 비극을
새롭게 되살리려 했다.

1644년 몬테베르디의 장례식을 기념하는
시집에 실린 초상화

1598년 시인 '오타비오 리누치니(1562~1621)'와 작곡가 '야코포 페
리(1561~1633)'가 첫 번째 오페라「다프네」를 선보였다. 카르마타 회
원들이 코러스 역할을 했다.

1607년에는 작곡가 '클라우디오 몬테베르디(1567~1643)'가 오페라
「오르페오」를 작곡했다. 오르페오는 성공을 거두었고, 몬테베르디는
큰 명성을 얻었다.

초기 오페라는 주로 궁이나 귀족가에서 공연했다. 오페라가 인기
를 끌자 1637년 베네치아에 공공 오페라 극장이 문을 열었다. 그때까
지만 해도 대중은 교회에 가야만 웅장하고 화려한 음악을 들을 수 있
었다. 오페라는 엄청난 성공을 거두었다. 자연스럽게 작곡가도 중요
한 직업으로 떠올랐다.

여러 음악가

당시 작곡가는 가수나 연주자, 지휘자로도 활동했다. 몬테베르디도 성악과 지휘를 했다. 이는 18~19세기까지도 비슷했는데, 위대한 작곡가 '모차르트(1756~1791)'와 '베토벤(1770~1827)'은 피아노 연주자(피아니스트)로도 유명했다. '바그너(1813~1883)'와 '요한 슈트라우스 2세(1825~1899)'는 지휘자였다.

대중이 가장 사랑한 음악가는 가수(성악가)였다. 사람들은 오페라에서 멋진 노래 솜씨를 보여주는 가수를 찬양했다. 오페라 주연 여자 가수를 '프리마돈나'라고 한다. '프리마'는 첫째 또는 으뜸, '돈나'는 여성이라는 뜻이다. 대중은 프리마돈나를 특히 좋아했다.

소리 높이로 성악가를 나누면

목소리로 하는 음악을 '성악'이라 하고, 성악을 하는 사람이 '성악가'다. 우리나라에서는 일반적으로 서양 고전 음악을 하는 가수를 성악가라고 한다.

성악가는 목소리로 낼 수 있는 가장 낮은 소리부터 가장 높은 소리까지의 넓이, '음역'으로 구분한다. 남성은 낮은 음악부터 '베이스', '바리톤', '테너'로 구분한다. 여성은 '콘트랄토(혹은 알토)', '메조소프라노', '소프라노' 순이다. 가장 낮은 소리는 베이스, 가장 높은 소리는 소프라노다. 카스트라토는 남성이면서 소프라노 음역에 해당하는 노래를 불렀다. 요즘은 훈련으로 높은 소리를 내는 남성 성악가를 '카운터테너'라 한다.

남자는 대부분 사춘기를 지나면 목소리가 굵어져 여자만큼 높은 소리를 내기 힘들다. 하지만 소년들은 여자만큼 높은 음정의 노래를 부르기도 했다. 18세기에는 소년을 거세해 변성기가 오지 않게 해서 계속 높은 음정을 노래하도록 했다. 이러한 가수는 '카스트라토'라 했다. 몇몇 카스트라토는 커다란 인기를 누리고 부를 얻었다.

음악원이 문을 열다

음악가로 활동하기 위해서는 오래 훈련을 받아야 했다. 유명한 가수는 학원을 열어 노래를 가르쳤다. 국가에서 운영하는 음악 학교도 생겼다. 1784년에는 프랑스 파리에 '왕립성악학교'가 문을 열었고, 1795년에는 '파리 음악원'이 탄생했다. 19세기에는 이탈리아 '밀라노 베르디 국립음악원', 영국 '왕립음악원' 등 유럽 여러 나라에 국립 음악 학교가 생겼다. 학생들은 음악 학교에서 음악가가 되기 위한 기초를 닦았다.

음악원이 생기면서 음악가는 음악 교사로도 일할 수 있었다. 음악가들 사이에 보이지 않는 차별이 생기기 시작했다. 음악가들은 가르치는 일보다는 대중 앞에서 공연하는 것을 더 중요하게 여겼다. 그들에게 교사는 음악가로서 성공하지 못한 사람이 택하는 2등 직업이었다.

음악회의 발전과 규모가 커지는 악단

연주자는 17세기까지 많은 주목을 받지 못했다. 연주자들은 2~6명 규모로 작은 실내악단을 꾸려 활동했다. 주로 귀족이나 부유층을 위한 개인 공연을 했는데, 초대받은 손님만 감상할 수 있었다.

일반인을 대상으로 하는 연주회는 17세기에야 등장했다. 1672년 영국의 바이올린 연주자(바이올리니스트) '존 배니스터'는 자기 집에서 공개 연주회를 열었다. 입장료는 1실링(지금 돈으로 1만 5천 원 정도)이었다. 관객들은 원하는 곡을 연주해달라고 신청할 수 있었다. 1678년 영국 석탄 판매상 '토마스 브리튼'은 1년에 10실링을 받고 매주 석탄 창고에서 연주회를 열었다. 유명한 음악가도 이 연주회에 출연했다.

1916년 미국 필라델피아 관현악단. 말로 교향곡 8번 미국 초연 사진이다.

악단의 크기가 커지면서 12~16명으로 구성된 소규모 악단(앙상블)이 활동했다. 18세기 말부터 규모는 더욱 커져서 19세기에는 100명이 넘는 대규모 '교향악단'이 활약했다.

군대 악단인 '군악대'도 성장했다. 프랑스 황제 나폴레옹은 대규모 군악대와 합창단의 공연으로 군대와 국민의 사기를 높였다.

늘어나는 연주자

연주자 수도 갈수록 늘었다. 18세기 대중 연주회에서 공연하는 연주자는 대부분 아마추어였다. 그보다 오래 연주해서 실력을 쌓은 연주가들은 따로 연주회를 열었다. 모차르트나 베토벤처럼 유명한 작곡가가 새로 만든 곡은 이런 연주회에서 처음 선보였다.

당시 연주회는 조용하고 엄숙하지 않았다. 연주가들은 연주회 중간에 음악을 마음대로 바꿔서 연주하기도 했고, 즉흥 연주도 자주 했다.

영국에서는 남성 합창 공연 '글리 클럽'이 유행이었다. 관객들은 이 공연을 보면서 담배도 피우고, 카드놀이를 하고, 잡담을 즐겼다.

산업화로 변화를 맞이한 음악가

산업혁명 이후 공장에서 상품을 대량으로 생산했다. 많은 사람들이 새로운 일자리를 찾아 공장이 있는 도시로 모였다. 경제가 발전하면서 음악을 들을 만큼 여유가 있는 사람이 늘었고 공연장도 많이 생겨났다.

음악을 즐기는 사람이 많아지자 음악가는 더 인정받는 직업이 되었다. 유명 작곡가와 연주가들은 대학에서 학위를 받았다. 헨델과 베토벤은 대학에서 강의도 했다. 교회는 음악가에게 훈장을 주었다. 귀족 작위를 받는 음악가도 있었다. 그러나 사회적 지위가 오른 데 비해 음악가가 경제적으로 풍족하지는 않았다. 왕족이나 귀족, 부유층에게 후원받지 못하면 가난에서 벗어나기 힘들었다. 천재로 이름을 날린 모차르트도 궁핍하게 살다 죽었다.

대중이 즐기는 음악

노동자 계급이 성장하면서 새로운 '대중음악'이 탄생했다. 18~19세기 독일에서는 '징슈필'이라는 노래극이 유행했다. 징슈필은 간소화된 오페라로, 기존 오페라는 중산층 이상이 즐겼지만 징슈필은 서민들도 즐겨보았다. 실생활에서 쓰는 독일어로 대사를 주고받았고, 과장된 코미디나 사랑 이야기가 많았다. 징슈필은 유럽 전역에서 유행했다.

19세기 후반에는 '오페레타'가 많은 관심을 받았다. 오페레타는 기존 오페라보다 길이가 짧았고, 가볍고 재미있는 이야기를 다뤘다. 비슷한 시기에 뉴욕, 런던 등 대도시에서는 '버라이어티 쇼'가 생겨났

검은 패티, 시시에레타 존스

'마틸다 시시에레타 조이너 존스(1868?~1933)'
는 미국 출신 흑인 여성 오페라 가수이다. 당
시 이탈리아 유명 오페라 가수 '아델리나 패티
(1843~1919)'를 본따 '검은 패티(Black Patti)'라
는 별명을 얻었다. 그녀의 아버지는 노예 출신
이었는데, 글을 배우고 공부해 목사가 되었다.
어머니는 세탁을 하는 하녀로, 문맹이었지만
노래 솜씨가 뛰어났다. 마틸다는 6세부터 노래
를 시작했고 15세 무렵부터 음악 교육을 받을

마틸다 존스

수 있었다. 1888년 공연을 시작한 마틸다는 맑고 매력적인 목소리로 청중을 사
로잡았다. 그녀는 미국 대통령과 영국 왕실 앞에서 노래하고 전 세계를 돌며 공
연했다. 나중에는 자기 별명을 딴 '블랙 패티 트루바두르'라는 극단을 만들어 20
여 년간 활동했다.

다. 버라이어티 쇼는 춤, 노래, 연극, 마술, 곡예 등이 계속해서 펼쳐지
는 쇼였다.

극장도 크게 늘었는데, 이곳에서 음악가나 연극배우, 무용가 등 공
연 예술가에게 일할 기회를 주었다. 정식으로 음악을 배우지 않은 아
마추어 음악가들은 '뮤직 룸(영국)'이나 '살롱(미국)'*에서 공연했다.
여기서 능력을 증명하면 더 큰 무대로 나갈 기회가 주어지기도 했다.

이런 기회를 잡아 하층 계급 출신이지만 스타가 되는 음악가도 탄생했다. 여성과 소수 민족 출신 음악가도 늘어났다.

* 프랑스 귀족과 예술가들의 모임을 '살롱'이라 했다. 미국의 '살롱'은 술집이다. 서부극에 자주 등장한다.

왕조 시대 중국 음악과 음악가

송나라와 원나라 시대 음악

당나라 무렵까지 중국에는 많은 외국 음악이 들어왔다. 송나라 때는 이 음악들을 받아들인 중국 고유의 음악이 자리 잡았다.

송나라는 당나라 때보다 연악을 축소해서 대곡 일부분만을 연주하는 대신 아주 정교하게 만들었다. 각종 행사에서 연주하는 아악도 틀을 갖췄다. 아악은 즐기기 위한 음악이 아니라 신분 사회와 위계질서를 드러내는 음악이었다. 행사 규모와 참석자에 따라 악기 수, 자리 배치 등을 엄격하게 따졌다.

송나라 때는 상업이 성장하고 경제가 발전하며 도시에 모여 사는 사람이 늘었다. 이들이 즐기는 민간 음악도 발전했다. 그중 '사악'은 가곡으로 지식인들도 즐겼고, '설창'은 말과 노래를 섞은 노래극과 비숫했다. 희곡과 잡극 같은 연극이 번성하면서, 연극에서 부르는 노래와 음악도 유행했다.

명나라와 청나라 시대 음악

생활이 풍족해지면서 민간 음악을 찾는 사람도 늘었다. 여러 노래를 모은 노래책도 많이 나왔다. 백성들 사이에 부르는 노래가 널리 유행하자 지식인과 지배층도 관심을 가졌다.

설창은 지방에 따라 여러 종류로 발전했다. 남쪽 지방에서는 비파 등 현악기로 반주하는 '탄사'가 유행했다. 북쪽에서는 북을 치며 노래하는 '고사'가 인기였다. 설창은 주로 역사적 사건을 주제로 삼았다. 길이도 길어서, 한 번 시작하면 극이 끝날 때까지 몇 개월이 걸리기도 했다. 시간이 지나며 공연의 길이는 점차 짧아졌다. 유행하는 노래를 몇 곡 연결한 '패자곡'도 있었다. 지금으로 하면 '메들리'인 셈이다.

민간 음악이 성장하면서 비파, 금, 피리 등 각종 악기를 능숙하게 다루는 연주자도 늘었다. 혼자 연주하는 독주도 많은 관심을 받았는데, 시장이나 야외극장에서는 악기 독주회가 열리기도 했다. 독주로 이름을 날린 연주가도 여럿이었다. 인쇄술*이 발전하면서 악보도 많이 출간했다. 학자들은 옛 음악을 보존하고 연구했다.

---

* 서양의 구텐베르크 인쇄술과는 다른 동양 전통 인쇄술.

연극 음악

중국 희곡은 노래와 연주, 연기가 한꺼번에 어우러지는 종합 예술이다. 명나라와 청나라 때는 양쯔강 남쪽과 동부 해안 지역에서 '4대 성강'이 유행했다. 4대 성강은 우아하고 부드럽고 완만한 선율이 특징인 「해염강」, 소리가 높고 정열적인 「익양강」, 서정적이고 섬세한 「곤산강」, 그리고 「여요강」이었다.

북쪽에서는 '경극'이 발전했다. 경극은 「피황강」이라는 음악에 토대를 두었다. 청나라 말기에는 경극의 인기가 커져 곤산강도 간신히 명맥만 유지했다.

고려 음악과 음악가

고려 시대 음악 갈래

고려 음악은 몇 가지로 구분할 수 있다. 우선 신라 음악을 이어받은 '향악'이다. 고려 향악은 신라 향악에서 쓰던 삼현과 삼죽에 해금, 피리, 장구를 더했다. 국가 행사와 연등회, 팔관회 등 불교 의식에서 신라 향악 전통을 이어갔다.

두 번째는 송나라에서 들어온 '당악'*이다. 고려는 송나라와 친하게 지내며 많은 문물을 송나라로부터 받아들였다. 송나라는 교방 소속 음악가를 고려에 보냈다. 이들은 고려 음악가에게 당악을 가르쳤다.

---

* 당나라 음악과 송나라 음악 등 중국 음악을 일컫는다.

세 번째는 '아악'이다. 중국 고대 음악이었던 아악은 유교식 제사에서 매우 중요했다. 엄격한 법도에 맞춰 연주 규모, 방식, 절차 등을 정했다. 1114년 송나라에 갔던 사신이 아악*에 쓰는 악기와 도구를 가지고 왔다. 고려는 음악가를 송나라로 보내 아악을 배워오도록 했다. 왕실이 조상에게 제사 지낼 때, 하늘과 땅에 제사 지낼 때 아악을 연주했다.

나라에서 큰 규모로 행진할 때는 '고취악'을 연주했다. 왕이 궁궐을 떠났다 돌아올 때, 전쟁에 나갔던 군대를 맞이할 때, 중국 사신을 만날 때, 왕자가 태어났다고 알릴 때 등에 고취악을 연주했다. 고취악은 전문 음악가나 군악대가 연주했다.

고려 음악 기관

고려는 10세기 말 '예부' 아래 '대악서'라는 관청을 두었다. 예부는 국가 행사, 과거 제도, 교육, 외교를 담당한 부서다. 대악서에는 8~11명의 관리가 음악 관련 일을 담당했다. 그들 외에도 전문 음악가 260여 명이 대악서에서 일했다.

1076년에는 '관현방'을 만들었다. 관현방은 궁중 음악에 관한 실제 업무를 맡았던 기관으로, 전문 음악가가 음악 공연과 교육을 책임졌

---

* 송나라 황제 휘종이 대성부라는 관청에 명령하여 만든 아악으로, '대성악' 또는 '대성 아악'이라고도 한다.

다. 향악 전문 음악가, 당악 전문 음악가 등 음악가 170명이 속해 있었다. 나라에서 큰 행사를 하거나 잔치를 열면 대악서와 관현방 소속 음악가가 함께 공연했다.

고려 말, 대악서는 이름을 '전악서'로 바꾸었고, 관현방도 하나로 합쳐졌다. 1391년에는 아악을 전담하는 '아악부'를 새로 만들었다.

'교방'이라는 곳도 있었는데, 교방은 우리 전통 음악인 향악을 가르치고 공연했다. 여성 노비나 궁녀 중에서 재능 있는 사람을 뽑아 음악가와 무용수로 기르기도 했다. 이들은 '교방 여기'라고 했다.

고려의 직업 음악가

고려 시대 직업 음악가는 '악공', '공인', '영인' 등으로 불렀다. 대부분 천민 계층으로 지위는 낮았다. 악공은 대대로 직업을 물려받았고, 악공 집안에서 태어났으면 과거 시험을 치를 자격이 없었다. 나라에서는 악공 명단을 만들어서 관리했다.

악공이 오를 수 있는 자리는 '악사'였다. 악사는 음악 교사로서 대악서나 관현방에서 악공에게 노래와 연주를 가르쳤다. 당악을 가르치는 악사는 1년에 쌀 10석을 받고, 장고와 비파, 피리 등을 가르치는 악사는 1년에 쌀 8석을 받았다. 궁궐 소속 가죽 장인이나 옷 만드는 장인과 비슷한 수준이었다. 대악서 관리는 악사보다 세 배 정도 많이 받았다.

조선 음악과 음악가

조선의 음악 담당 관청

조선은 나라를 세운 초기, 기존 고려의 제도를 크게 바꾸지 않았다. 유교 예절에 따른 제사를 지낼 때 연주하는 아악은 '아악서'에서 담당했고 '전악서'는 궁궐 잔치나 각종 행사에서 음악을 연주했다. '봉상시'는 제사와 시호*를 담당하는 부서였는데 이곳에도 춤과 노래를 맡은 음악가가 있었다. '악학'에서는 음악 이론을 연구하고 악보를 편찬, 출간했다. 왕실에서 치르는 잔치, 왕비나 왕대비가 주관하는 행사 등에 관련된 음악은 '관습도감'이 맡았다.

세조 때에는 음악 관련 제도를 크게 개혁했다. 악학과 관습도감을

---

* 국가가 죽은 신하에게 내리는 이름, 또는 죽은 왕에게 그다음 왕이 올리는 이름.

합해 '악학도감'을 만들었다. 악학도감은 음악가 관리 같은 행정 업무를 주로 했다. 그리고 '장악서'를 만들어 아악서와 전악서, 봉상시에서 하던 음악 연주와 교육을 한데 모았다.

음악 관련 모든 일을 담당한 장악원

1466년에 장악서가 악학도감이 하던 기능을 흡수해 궁중 내 단일 음악기관이 되었다. 장악서는 후에 장악원이라고 이름을 바꾸었다. 장악원은 음악 관련 모든 일을 담당했다. 장악원에서 음악 행정을 담당한 관리는 과거에 합격한 사람이었다. '제조'는 장악원 최고 책임자였다. 제조는 문신이지만 궁중 음악을 잘 알아야 했다. 음악을 잘 알지 못하면 장악원을 관리하기 어려웠다.

음악가는 임시직, 기술직 관리였다. 가장 높은 사람이 '전악'으로, 음악 부분 최고 책임자였다. 정6품 벼슬로 18등급 중 11번째였다. 가장 낮은 종9품 벼슬에서 시작해 오랜 시간에 걸쳐 승진해야 전악이 되었다. 전악은 음악가를 인솔하고, 연주를 지휘하고, 악기 제조를 감독했다. 중국에 가서 음악을 연구하고 돌아와 가르치기도 했다.

장악원에는 두 종류의 음악가가 있었다. '좌방' 소속 음악가 '악생'은 아악을 연주했다. '우방' 소속 음악가 '악공'은 향악과 당악을 연주했다. 조선은 아악을 더 중요하게 생각했다. 그래서 아악을 연주하는 악생은 양인 출신이고, 악공은 천인 출신이었다.

이들 외에도 장악원에는 여러 사람이 속해 있었다. 악공과 악생을 가르치는 교사는 '악사'였다. 그리고 행사에서 춤추는 어린아이 '무동', 춤추고 노래하는 여성 예술인 '여기', 악기를 연주하는 시각 장애자 '관현맹' 등이 있었다.

음악이 발전하는 조선

세종 때 악보를 적는 방식 '정간보'를 만들었다. 정간보에는 노래 가사와 음의 높이, 길이, 쉼표, 박자 등을 표시했다. 조선에서는 왕과 왕비 위패를 종묘에 모셨는데, 종묘에서 제사를 올릴 때 연주한 음악이 「종묘제례악」이다. 세종 때 종묘제례악을 만들었으며 세조 때에는 제사에 맞도록 다시 고쳤다. 종묘제례악은 기악 연주와 노래, 춤이 어우러진 뛰어난 음악이었다.

음악 이론도 정립하여 '평조', '계면조' 같은 음계*도 정리했다. 1493년에는 『악학궤범』이라는 음악 이론 서적을 출간

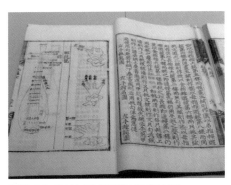
『악학궤범』에서 악기와 연주법을 설명한 부분

---

* 음높이 순서로 된 음 집합. 서양에서는 음계를 도, 레, 미, 파, 솔, 라, 시 일곱 개 음으로 구분한다.

했다. 악학궤범에는 음악 이론, 악기 설치 방법, 노래 가사, 공연 복장과 절차 등 음악 공연에 관한 사항을 모두 모았다.

변하는 세상과 음악가

조선은 임진왜란과 병자호란을 겪었다. 전란으로 예술은 큰 피해를 보았다. 장악원 소속 악공과 악생은 전쟁통에 목숨을 잃거나 사방으로 흩어졌다. 나라에서 보관하던 악기도 많이 부서지고 없어졌다. 종묘 제례도 중단했다.

전쟁으로 사회도 크게 변했다. 서얼*과 중인, 서민 출신 작가와 예술가들이 활동하기 시작했다. 나라에서는 '악기도감' 등 악기를 만드는 관청을 설치했다. 줄어든 음악가 수를 보충하기 어려워 나라에서는 지방에서 음악가를 뽑아 서울로 불러들였다. 지방 음악가는 50명씩 1년에 2교대로 서울에서 일했다.

지방에서 서울로 올라온 음악가는 가난에 시달렸다. 음악가 한 사람이 서울에 올라가 사는 데 필요한 돈은 그 동네 사람 두 명이 나눠냈다. 하지만 전란으로 농지가 황폐해지자 돈 내는 사람도 생활이 어려워졌고, 결국 마을을 떠나 도망치기 일쑤였다. 결국 나라 살림이 어려워 왕실 제사 규모가 줄어들었고, 아악도 쇠퇴했다.

* 아내가 아닌 첩이 낳은 자식.

중인 출신 음악가

17세기 후반 경제가 발전하면서 장사로 돈을 번 사람도 늘고, 중인 계급이 성장했다. 중인은 중앙 관청 하급 관리, 의관이나 역관 등 기술 관리, 지방 관리로 일했다. 이들은 예술 활동에 직접 참여할 정도로 예술 활동을 즐겼다.

음악가로 이름을 날린 중인도 있었다. 악기 연주에 뛰어난 사람은 '율객', 노래를 만들고 부르는 이는 '가객'이라고 했다. 17세기 대표적인 율객으로 '송경운'이 있었다. 그는 9살부터 비파를 연주해 12살에 이미 유명해졌을 정도로 비파 연주를 잘하기로 소문나 있었다. 어떤 일에 솜씨가 뛰어난 사람에게 "송경운 비파 같다."라고 했을 정도다.

가객 '김천택'도 중인 출신이었다. 노래 솜씨와 글솜씨도 뛰어나서 『청구영언』이라는 시조집을 편찬했다. 김천택과 쌍벽을 이룬 가객은 '김수장'이다. 그는 『해동가요』라는 시조집을 냈다.

노래 짓고 부르기를 즐기던 사람들은 '가단'을 만들었다. 함께 모여 시를 읊고 노래했다. 김천택은 '경정산가단', 김수장은 '노가재가단'을 이끌었다.

조선 후기 다양한 음악

조선 후기에는 '정가'가 자리 잡았다. 정가는 가곡, 가사, 시조를 일컫는 말이다. '가곡'은 시에 느린 곡조를 붙여 부르는 노래로 대금, 장구 등으로 반주했다. '가사'는 장단에 맞춰 노래하는 긴 이야기이고, '시조'는 글로 쓴 시조에 곡조를 붙여 노래하는 것이다.

기악에서는 시나위와 산조가 등장했다. '시나위'는 무당이 굿할 때 쓰던 음악에서 시작했다. 대금, 피리, 해금 등 관악기와 장구, 북 등 타악기를 사용했다. 주로 고정된 선율 없이 즉흥적으로 연주했다. '산조'는 기악 독주곡으로, 장구로 박자를 맞추고 다른 악기가 주인공이 되어 연주했다. 가야금이 독주하는 '가야금 산조'가 대표적이다. 훗날 거문고 산조, 대금 산조, 단소 산조 등 다양한 산조가 등장했다. 가야금을 타며 노래를 부르기도 했는데 이를 '가야금 병창'이라 한다.

민간에서는 '판소리'가 가장 인기 있었다. 19세기 판소리 명창은 유명 스타였다. 학식을 갖춘 판소리 소리꾼, 과거에 합격한 양반 가수도 등장했다. 장구를 맨 독창자가 먼저 노래를 부르면 작은 북을 든 4~5명이 따라 부르는 '선소리', 19세기 말 서울 용산구 청파동 일대 소리꾼들이 즐겨 부르던 '잡가'도 유행했다.

농촌에서는 일반 농민들이 '농악'을 연주했다. 농악대는 꽹과리, 북, 징, 장구, 나발 등을 연주하고 평

판소리 ⓒ한국학중앙연구원·김형수

안과 풍요를 빌며 마을을 돌았다. 모내기나 김매기 할 때 들에 나가 흥을 돋우기도 했다. 사람들은 '민요'도 즐겼다. 민요는 오랫동안 입에서 입으로 내려온 노래다. 모 찌는 소리, 김매기 소리, 노 젓는 소리, 베틀가, 뱃노래, 상여 소리 등의 민요가 있었다. 전문 가수도 민요를 불렀다.

평택농악 중 무동놀이 ⓒ한국학중앙연구원·유남해

　사찰 승려들은 불교 음악 '범패'를 전했다. 절에는 범패를 전문적으로 부르는 '범패승'이 있었다. 승려들은 '화청'이라는 노래를 만들어 부르며 포교에 활용했다. 민요 곡조에 불교에 관한 쉬운 이야기를 가사로 만들어 붙인 것이다.

현대 음악과
음악가

기술과 대중 매체가 발전하며 음반, 영화, 라디오, TV가 등장했다. 음악을 녹음해서 언제든지 원할 때 다시 들을 수 있게 되었다. 관련 산업과 대중을 위한 음악이 성장했다. 스타 음악가도 탄생했다. 이들은 어마어마한 명성과 부를 손에 넣었다.

새로운 기술과
다양하게 변하는 음악가

새로운 공연, 뮤지컬의 탄생

20세기에 들면서 대부분 극장이 버라이어티 쇼 위주로 공연했다. 오락 프로그램 여러 개를 연결한 종합 연예 공연이었다. 버라이어티 쇼에는 짧은 음악과 노래가 잘 어울렸다. 이러한 분위기에서 1920년대, 미국에서 춤과 연기, 음악과 노래를 어우르는 쇼 '뮤지컬'이 탄생했다.

사람들은 제1차 세계 대전이 끝나고 전쟁을 잊게 해 줄 즐거운 공연을 원했다. 뮤지컬은 주로 유쾌하고 낙천적인 내용을

1920년대 뉴욕 브로드웨이

다뤘다. 미국 '브로드웨이'를 중심으로 뮤지컬은 계속 발전했다. 인기 작품은 수천 회를 거듭해 공연할 정도로 뮤지컬은 많은 사랑을 받았다.

제2차 세계 대전 이후 뮤지컬은 전 세계로 퍼졌다. 1980년대에는 영국의 '웨스트엔드'가 새로운 뮤지컬 중심지로 떠올랐다. 오늘날 뮤지컬은 전 세계에서 인기를 끌고 있다.

달라지는 매체와 음악

20세기에 들어서 라디오, TV, 영화, 녹음기, 음반, 비디오테이프 등 새로운 기술이 등장했다. 기술 발전으로 음악 산업과 음악가라는 직업이 본질적으로 달라졌다. 실황 공연(라이브 콘서트)은 줄어들었고, 빠르게 성장한 방송 프로그램이 공연을 대신했다. 방송과 음반을 통해 전 세계에서 같은 음악이 울려 퍼졌다.

하지만 방송국이나 음반 회사는 확실히 성공할 만한 음악가만 밀어주었다. 이미 유명하고 인기가 많은 사람은 방송에 출연하고 음반을 발매하기 쉬웠다. 몇몇 스타가 대중음악 산업을 지배했다. 신인 음악가나 아직 이름을 알리지 못한 음악가는 작은 카페나

1924년 도일리 카르테 녹음 홍보 사진

술집, 거리에서 공연했다. 여기서 기회를 잡고 음반을 내는 음악가도 있었다.

컴퓨터와 인터넷이 발전하면서 공연은 또 다른 큰 변화를 맞이했다. 사람들은 컴퓨터 파일로 음악을 저장하고 재생했다. 1990년대에 들어서면서 레코드판, 카세트테이프 등 음악을 저장하는 실물 매체도 점차 사라졌다. 인터넷만 사용할 수 있다면 언제, 어디서나 원하는 음악을 들을 수 있었다. 오늘날 음악가들은 자기 노래와 연주를 인터넷에 동영상이나 파일로 올린다.

여성 교향악단원과 아프리카계 미국인 음악

여성과 소수민족 출신 음악가들은 음악 산업에서 성공하기 쉽지 않았다. 여성 가수는 오래전부터 활약했다. 하지만 여성 연주자가 교향악단 단원이 된 것은 20세기 이후의 일이다. 1913년, 영국 퀸즈홀 오케스트라가 최초로 여성 연주자를 고용했다. 이후 1980년대까지도 유명 교향악단은 여성 연주자를 고용하는 데 매우 보수적이었다.

1920년대 재즈 악단

여성 교향악단 연주자

베를린 필하모닉 오케스트라, 빈 필하모닉 오케스트라 등은 전 세계적으로 이름을 날리는 교향악단이다. 1982년 베를린 필하모닉 오케스트라 지휘자인 '헤르베르트 폰 카라얀'은 여성 클라리넷 연주자 '자비네 마이어'를 단원으로 채용하려 했다. 그런데 교향악단 단원들이 이를 강력히 반대했다. 그들은 자비네 마이어의 음악이 베를린 필하모닉과는 어울리지 않는다고 주장했지만, 여성 연주자라는 이유가 컸을 것이다. 결국 자비네 마이어는 교향악단을 떠났다. 빈 필하모닉 오케스트라는 1997년에야 여성 단원을 받아들였다.

2019년의 자비네 마이어
ⓒScholzshootspeople

시간이 흐르며 여성 교향악단 연주자는 계속 늘어났다. 오늘날 미국이나 우리나라 교향악단은 여성 단원 비율이 높은 편이다. 이제는 여성 단원이 더 많은 교향악단도 있다.

아프리카계 미국인들은 독특한 음악 양식을 만들어 냈다. 노예로 아메리카 대륙에 팔려 온 아프리카계 미국인은 그들이 겪은 고통을 '블루스'라는 음악으로 표현했다. 20세기 초 뉴올리언스 지역 아프리카계 미국인들은 '재즈'라는 독특한 음악을 만들어 내기도 했다. 블루스와 재즈는 전 세계로 퍼졌고, 오늘날 세계 전역에서 많은 음악가가 블루스와 재즈를 연주하고 노래한다. 이 장르는 현대 음악 발전에도 큰 영향을 끼쳤다.

음악 관련 직업의 다양화

음악 산업이 성장하면서 음악과 관련된 일이 많아졌다. 과거처럼 실내나 정원에서 소규모로 공연하는 일은 거의 없어졌다. 교향악단, 오페라 등 클래식 공연도 이전과는 비교할 수 없을 만큼 규모가 커지고 복잡해졌다.

음악을 만드는 사람, 연주하고 노래하는 사람 외에도 편곡하는 사람, 소리를 조절하는 사람 등 새로운 음악 관련 직업이 많아졌다. 음악과 음악가에 관해 해설하고, 자신의 의견을 펼치는 음악 평론가도 있다. 인터넷에 음악을 소개하고 평가하는 개인 콘텐츠 창작자(크리에이터)도 많다.

변화하는 중국 음악과 음악가

신 음악이 등장하다

1911년 신해혁명이 일어나 청나라 왕조가 멸망했다. 혁명을 주도한 사람들은 쑨원을 대총통으로 삼아 1912년에 중화민국 임시정부를 세웠다. 중국에는 청나라 말부터 서양 음악이 들어왔다. 서양 음악으로부터 영향을 받은 새로운 음악이 등장했다.

20세기 초에는 교육기관인 '학당'이 많이 생겼는데, 이곳에서 음악도 가르쳤다. 「학당악가」라는 노래를 가르쳐서 부르게 했는데, 외세 침입에 저항해 애국심을 높이고, 과거 왕조 시대의 풍습을 비판하고, 새로운 문물과 정치를 찬양하는 노래였다. 학당악가는 주로 일본에서 공부한 유학생들이 만들어서 일본 영향을 많이 받았다.

때로는 이미 있던 노래의 가사만 바꿔 불렀다. 처음에는 서양식 멜

학당악가를 이끈 음악가

'선신궁'은 상하이 출신으로 일본에서 공부했다. 그는 일본 유학 중에 '음악강습회'를 만들어 작곡을 시작했다. 중국에 돌아온 다음에는 음악 교사로 일하며 『학교창가집』 『민국창가집』 등 노래집을 출판했다. 그는 학당악가 180여 수를 지었다.

'쩡즈민'은 일본에서 법학을 공부하다가 음악으로 전공을 바꿨다. 그는 가난한 아이 40명을 모아 '상해빈아원관현악대'라는 관현악단을 만들었다. 1915년에는 파나마 세계 박람회에서 공연하고 상을 받기도 했다. 쩡즈민은 중국에 서양 음악 이론 체계를 소개하고 『악전교과서』 『음악전서』 『화성략의』 등 많은 음악 이론서를 펴냈다.

'리수통'은 100여곡 이상 작품을 남기고, 음악 잡지 『백양』을 출간하기도 했다. 그는 '춘유'라는 합창곡을 썼는데, 중국의 첫 서양식 다성 합창곡이었다.

로디를 많이 사용했는데, 시간이 흐르며 중국 고유 선율을 사용했다. 이 시기부터 악보도 서양식으로 쓰기 시작했다.

변화를 맞이한 중국 전통 음악

민간 전통 음악인 설창도 발전했다. 남쪽 지방에서는 「소주탄사」라는 설창이 유행했다. 전통을 유지하면서도 새로운 스타일을 과감히 받아들인 설창이었다.

북쪽 지방에서는 '경운대고'라는 음악이 유행했는데, 베이징 지역 민간 음악의 특징을 받아들인 음악이었다. 특히 당시 급격한 사회 변화를 드러내는 가사로 인기를 끌었다.

희곡의 인기는 전보다 못했다. 경극은 변화하는 세상을 따라가지 못했다. 엄격한 옛 전통과 스타일을 그대로 유지하는 경극을 사람들은 옛날 연극이라는 뜻을 담아 '구극'이라 부르고 멀리했다. 어떤 이들은 경극을 없애야 하는 잘못된 옛 풍습처럼 취급했다. 뛰어난 배우들이 경극을 이끌었지만, 이전만큼 번성하지는 못했다.

중화인민공화국과 음악

1949년 마오쩌둥이 이끄는 중국 공산당이 '중화인민공화국'을 세웠다. 음악은 정치사상을 반영했다. 사회주의 중국을 선전하고, 마오쩌둥을 찬양하는 음악을 만들고 공연했다. 공산당 정부는 전통 음악을 육성했다. 음악 대학에 '민족 기악'이라는 과목을 만들어서 학생을 가르쳤다. 전통 음악 작품도 많이 나오고, 악기도 개량했다.

1966년부터 1976년까지 중국은 '문화 혁명'을 일으켜 더욱 엄격하게 사회와 문화를 통제했다. 이 시기에 '혁명양판희'라는 음악 양식이 등장했다. 현대적으로 해석한 경극, 무용극, 관현악곡 등으로 공산당과 계급투쟁을 찬양하는 내용의 음악이었다. 마오쩌둥이 한 말을 노래로 부른 「어록가」도 만들었다. 이를 제외하고 다른 음악은 거의 금지했다.

마오쩌둥이 죽고 나서 1980년대 중국은 개혁과 개방을 추구했다. 다시 해외와의 교류가 늘어 록, 디스코, 펑크 같은 서양식 대중음악이 인기를 끌었다. 전 세계적으로 이름을 날리는 클래식 연주자도 탄생했다.

중국 국민이 문화 예술에 쓰는 돈은 매년 늘어나고 있다. 음악 시장 규모도 커졌다. 특히 온라인 음악 시장이 크게 성장하여 2020년 기준 중국 온라인 음악 이용자는 6억 3천만 명이 넘고, 시장 규모는 5조 원에 달했다.

고통을 극복하고 발전하는
우리 음악과 음악가

일본 제국주의 침략

조선은 1876년 강화도 조약 이후 서구 문물을 받아들였다. 1895년에는 장악원을 없애고 '협률과'를 만들었다. 각종 의례와 제사가 크게 줄며 기구의 규모도 작아졌다.

1897년에는 대한제국을 건립하고 고종이 황제로 등극했다. 고종이 황제가 되면서 다시 의례와 행사가 늘어났다. 이때는 협률과를 '교방사'로 바꾸고 인력과 규모를 늘렸다.

일본 제국주의는 조선 침탈 욕심을 노골적으로 드러냈다. 일제는 1905년 을사늑약을 강요했다. 대한제국으로부터 외교권을 빼앗아 가고, 통감을 설치해서 사회를 장악했다. 통감부는 교방사를 다시 '장악과'로 축소했다. '국악'이라는 용어도 이때부터 쓰기 시작했다. 원래 국악은 일본 전통 음악을 부르는 이름이었다.

일본은 1910년 대한제국을 식민지로 삼았다. 대한제국 황실은 '이씨 왕가'가 되었다. '이왕직'이라는 부서가 왕실 관련 업무를 담당했는데, 장악과가 없어지고 이왕직 아래 '아악대'가 생겼다. 아악대가 아악, 향악, 당악 등을 연주하며 음악 관련 일을 이어갔다. 아악대는 '아악생 양성소'를 두고 음악가를 양성했다. 교방사 시절에는 소속 음악가가 772명이나 되었는데 57명으로 줄었다.

전통 음악 교육기관

대한제국 말기에 음악 애호가들은 장악원 전통을 이어 나가려 했다. 1909년 궁중 악사 출신 음악가, 민간 음악 연주자와 애호가들이 모여 '조양구락부'를 만들었다. 이들은 전통 음악을 계승하려 했고, 황실에서도 돈을 지원했다. 하지만 대한제국이 기울며 조양구락부는 더 이상 이어지지 못했다.

1911년 '조선정악전습소'가 조양구락부의 뒤를 이었다. 전통 음악을 이어받아 보급하는 음악 교육 기관이었다. 조선악, 서양악과 성악, 서양악과 기악, 악기 제조를 전공으로 하는 학생을 뽑았다. 조선악과에서는 가곡, 거문고, 가야금, 단소, 생황 등을 가르쳤다. 서양악과에서는 서양식 음악 이론, 풍금, 바이올린, 성악 등을 가르쳤다.

잔치를 벌일 때 춤을 추고 노래하며 흥을 돋운 여성 연예인은 '기

1924년 양금을 연주하는 기생 (서울역사박물관)

생'이라 한다. 원래 기생은 관청 소속으로, '관기'라 했다. 1909년 관기 제도가 없어지고 기생들은 '조합'을 만들었다. 처음으로 만들어진 '한성 기생 조합'은 어린 기생들에게 춤과 노래, 연주를 가르쳤다. 조합 소속 기생들은 고아들을 위해 자선 공연을 펼치기도 했다.

1913년 다동 조합, 광교 조합을 비롯해 지방에도 기생 조합이 여럿 생겼다. 일제의 식민지가 된 후 1915년 기생 조합은 '권번'이라는 일본식 이름으로 바뀌었다. 평양 권번은 전통 예술인 양성으로 유명했다. 권번 소속 여성 예술인은 시조, 가곡, 검무(칼춤), 가야금, 거문고 등을 익혔다. 춤과 노래, 연주뿐 아니라 한문, 시 짓기, 서예, 그림 등 교양도 배워야 했다. 기예를 익힌 기생은 극장이나 연회장에서 공연했다. 유명한 기생은 음반을 내기도 하고 라디오 방송에도 자주 출연했다.

서양 음악이 도입되다

개항 이후 기독교 선교사들이 서양 음악을 전했다. 전통 음악과 다른 7음계, 장조와 단조 음악 체계가 들어왔다. 선교사들은 예배에서 부르는 찬송가를 우리말로 번역해 조선 사람에게 가르쳤다. 1894년 미국 선교사 언더우드는 『찬양가』라는 찬송가 책을 펴내기도 했다. 선교사가 세운 배재학당이나 이화학당에서는 서양식 음악을 가르쳤다. 서양식으로 작곡한 노래 '창가'도 등장했다. 사람들은 애국, 계몽, 반일 사상 등을 주제로 창가의 가사를 썼다. 영국 곡에 가사만 바꿔서 「황제 탄신 경축가」, 스코틀랜드 민요 「올드 랭 사인」에 「애국가」 가사를 붙여 부르기도 했다.

서양식 군악대인 '양악대'도 만들었다. 1901년에는 독일 출신 음악가 '프란츠 에케르트(1852~1916)'를 초청했다. 에케르트는 조선인 음악가를 가르치고 양악대를 지휘했다. 1901년 9월에는 고종 탄생 50주년 기념 잔치를 열었다. 각국 외교관을 초청한 이 자리에서 양악대는 세계 여러 나라의 국가, 행진곡, 춤곡 등을 연주했다. 양악대는 파고다 공원에서 일반인 관객을 대상으로도 공연했으

우리나라에 서양 음악을 도입한 프란츠 에케르트

며, 에케르트는 대한제국 국가도 작곡했다.

1907년 통감부는 찬송가 풍 노래, 애국정신을 담은 노래를 금지했다. 식민지가 된 대한제국의 군대는 해체되었고 자연스레 군악대도 사라졌다. 양악대 단원 일부는 '이왕직 양악대'로 들어갔다. 1910년에는 일제가 대한제국 국가도 금지했다. 1916년, 에케르트에게 서양 음악을 배운 '백우용(1880~1950)'이 옛 양악대 단원을 모아 '경성악대'를 만들었다.

우리가 만든 서양식 음악

서양 음악을 공부한 새로운 작곡가도 활동하기 시작했다. 이들은 창가, 동요, 유행가, 가곡 등 성악곡 위주로 만들었다.

'김인식(1885~1963)'은 평양 숭덕학교와 숭실전문학교에서 선교사로부터 음악을 배웠다. 1905년에는 「학도가」를 작사, 작곡했는데 우리나라 사람이 만든 첫 번째 서양식 노래였다.

'정사인(1881~1958)'은 양악대 단원이었다. 그는 에케르트로부터 작곡과 플루트를 배웠다. 양악대가 해체된 후 정사인은 송도고등보통학교 교사로 일했다. 그는 송도고등학교에 관악대*를 만들고 지도하며 관악 행진곡 「추풍」, 「돌진」 등을 작곡했다. 민요와 가곡도 많이

---

* 관악기 연주자로 구성한 악단. 고적대 또는 브라스 밴드라고도 부른다.

남겼다.

1920년대에는 아이들을 위한 동요도 많이 나왔다. '박태준(1900
~1986)', '윤극영(1903~1988)' 등이 많은 동요를 썼다. 윤극영은 「반
달」, 「설날」, 「고드름」 등 지금까지도 널리 부르는 동요를 만들었다.

예술가곡도 성황을 이루었다. 작곡가이자 지휘자로 유명한 '홍난
파(1898~1941)'는 어려서부터 교회를 다니며 음악을 배웠다. 우리나
라 사람으로서는 최초 서양 음악 교사인 김인식에게 지도받고 이후
일본과 미국에서 음악을 공부하고 돌아왔다. 그는 「봉선화」, 「성불사
의 봄」 등을 작곡했다.

박태준의 「동무 생각」, 현제명의 「그 집 앞」, 「희망의 나라로」, 조두
남의 「선구자」 등은 지금도 유명하다. 1930년대에는 '김동진(대표작
「가고파」)', '이흥렬(「바우고개」)', '채동선(「고향」)' 등이 활약했다. '안기
영(1900~1980)'은 우리 이야기와 전통 음계로 '가극'을 만들었다. 서
양의 오페레타와 흡사했다. 바이올린 독주곡, 관현악곡 등 기악 작품
도 만들어졌다.

사랑 받는 유행가

대중에게 인기 있는 노래를 '유행가'라고 한다. 일본과 미국 등에서
음악을 공부하고 돌아온 엘리트들이 유행가 가사를 쓰고 곡을 만들
었다. 유행가 가수도 마찬가지였다. 일본에서 성악을 전공하고 돌아

온 가수들이 유행가를 불렀다. '김준영'이 작곡한「홍도야 우지마라」, '손목인'이 쓴「목포의 눈물」 등은 지금도 많은 사랑을 받고 있다.

유행가는 서양 노래 문화가 우리나라에 뿌리내리는 데 크게 이바지했다. 유행가는 축음기, 레코드, 라디오 방송 등을 타고 널리 퍼졌다.

음악을 듣는 새로운 방법

음악은 축음기(유성기), 음반(레코드판), 라디오 방송 등 새로운 기술로 전파되었다. 이전까지 음악은 공연을 하는 특정 장소에서 일정한 시간 동안 잠시 존재했다가 사라지는 것이었다. 하지만 레코드판에 음악을 녹음하고 축음기로 재생하면 시간과 장소의 제한 없이 원하는 음악을 들을 수 있었다. 자기가 좋아하는 음악만 골라 반복해서 들을 수 있었다. 음악 감상 방식이 근본적으로 달라진 것이다.

경성방송국(JODK) 최초 라디오
(천안박물관)

1896년 미국인이 우리나라 노래를 처음으로 레코드에 녹음했다. 1899년에는 판소리, 가사, 잡곡 등을 녹음했다. 1907년에는 첫 상업 음반이 미국 컬럼비아 레코드사에서 제작되었다. 컬럼비아 레코드는 조선 명창 '한인오'와 기생 '최홍매' 등을 일본 오사카로 초청했다. 그곳에서 이들이 부른「유

산가」, 「적벽가」, 「효녀 심청가」 등을 레코드판에 담았다.

1911년부터는 '일본축음기상회'가 우리나라에서 음반 제작과 판매
를 시작했고, 1925년에는 '일동 축음기 회사'가 문을 열었다. 대부분
음반은 조선 음악을 담았다. 이후 찬송가, 창가, 동요, 민요, 유행가,
외국 애창곡, 서양 고전 음악 등 다양한 음악을 담은 음반이 보급되었
고, 1930년대 음반 시장은 크게 성장했다.

1927년부터 라디오 방송이 시작했다. 라디오 방송 초기에는 생방
송으로 음악을 들려주었다. 명창, 기생, 연주 명인이 방송국에서 직접

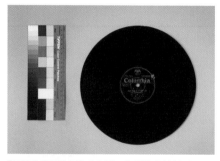

「심청전 맹인연에서 애소하는데·심청전 심 봉사 눈 뜨는데」 음반. 이동백 외 컬럼비아 레코드(국립한글박물관)

노래하고 연주했다. 1930년대에는 생방송보다는 음반을 주로 틀었다. 1930년대 후반까지 우리나라에는 10만여 대가 넘는 라디오가 퍼졌다. 전국 방방곡곡에서 음악을 감상할 수 있었다.

음악가 교육과 악단

기독교 선교사가 세운 학교에서 음악 과목을 가르쳤다. 이화여자전문학교(현재 이화여자대학교)는 1925년 음악과를 만들었는데, 처음에는 피아노 전공만 있었다. 성악 전공과 작곡 전공이 이어서 생겨났다. 숭실학교(숭실대학교)와 연희전문학교(연세대학교)에는 음악 전공이 없었지만 음악부, 밴드부, 합창부, 관현악부 등에서 과외 활동으로 음악을 가르쳤다.

민간 음악 전문학교로는 조선정악전습소가 있었다. 매년 학생 50명을 조선악과와 서양악과로 나누어 뽑았다. 선교사에게 개인적으로 음악을 배운 다음 일본이나 서양으로 유학을 떠나는 사람도 있었다. 1926년에는 미국인 선교사 '부츠'와 피아니스트 '박경호' 등을 중심으로 '중앙악우회'라는 관현악단이 만들어졌다. 15~16명 규모의 작은 악단이었다. 1927년에는 '조선극장관현악단'이 창립 연주회를 열었다.

경성제국대학(현재 서울대학교) 관현악단과 연희전문학교 관현악단도 만들어졌는데, 이런 학교 소속 관현악단은 학생들이 연주하는 아마추어 악단이었다. 1934년에는 경성방송국에서 '경성방송관현악단'을 창단했다.

이어지는 전쟁과 친일파 음악가

일본은 1937년 중국을 침략하고 1941년에는 미국을 기습 공격해 태평양 전쟁을 벌였다. 일본은 전쟁 물자를 동원하기 위해 우리 민족을 착취했다. 또한 '일본과 조선은 하나(내선일체)'라는 구호를 내걸고 조선인에게 일본에 대한 충성을 강요했다. 우리 민족 고유문화를 말살하려고 한 일제는 조선어 교육을 금지하고 일본어만 쓰게 하였으며, 조선인도 일본식 이름을 쓰도록 창씨개명을 강요했다. 조선어 노래도 금지되었다. 전통 음악, 조선인이 작곡한 음악은 공연할 수 없었다.

당시 많은 음악가가 일본 이름으로 개명했다. '조선음악협회' 같은 단체를 만들어 친일 활동을 벌이기도 했다. 이들은 일제를 찬양하고 일본군 사기를 높이기 위한 음악을 만들어 보급했다.

대한민국 음악과 음악가

광복을 맞이하다

1945년 일제가 패망하고 우리나라는 독립했다. 독립 직후에는 기쁨을 노래하는 '해방가요'가 유행했다.

1945년 해방이 되자마자 첫 민간 교향악단 '고려교향악단'이 탄생했고, 실내악단, 합창단, 성가대도 활동하기 시작했다. 1946년에는 서울대학교 예술대학 음악부가 만들어졌다.

1948년 이탈리아에서 성악을 공부한 '이인선'이 '조선 오페라 협회'를 만들었다. 조선 오페라 협회는 이탈리아 작곡가 베르디가 만든 오페라 '춘희'를 공연했다. 첫 오페라 공연은 큰 성공을 거두었다. 같은 해 수립된 대한민국 정부는 초등학교, 중학교까지 음악을 필수 과목으로 정했다. 애국가와 동요를 담은 『초등 노래책』을 교과서로 펴냈다.

전통 음악도 맥을 이어 발전했다. 이왕직 아악부 소속 음악가들은 '구왕궁 아악부'라는 모임을 만들어 시조 강습회를 열고 국악 방송도 했다. 민간에

『초등 노래책』(국립민속박물관)

서 활동하던 전통 음악가들은 '대한 국악원'이라는 단체를 만들었다. 1950년 1월 대한민국 정부는 우리 전통 음악을 계승하고 발전시키기 위해 '국립국악원'을 만들었다. 하지만 국립국악원이 정식으로 문을 열기 전에 6·25 전쟁이 벌어졌다.

전쟁을 극복하고

6·25 전쟁이 일어나고 정부는 부산으로 수도를 옮겼다. 국립 국악원도 1951년에 부산에서 문을 열었다. 전쟁 중에 음악가들은 국군 장병 위문 공연 활동을 주로 했다. 육군 교향악단, 해군 정훈 음악대 등 군대 소속 악단의 활약도 이어졌다.

전쟁이 끝나고도 음악이 다시 발전하기까지는 시간이 필요했다. 1961년 여러 음악 단체가 모여 '한국음악협회'를 만들었다. 한국 음악 발전, 국제 교류, 음악가 지위 향상과 권익 신장 등이 목적이었다.

많은 창작곡이 발표되고 외국과 음악 교류도 시작했다. 1962년에는 외국 음악가를 초청해 국제 음악제를 열었다.

전통 음악도 발전했다. '국악사 양성소'가 1955년 문을 열었는데, 이곳에서는 일반 중학교, 고등학교와 같은 수업에 더해 거문고, 가야금, 피리, 해금 등을 가르쳤다. 여기를 졸업하면 서울대학교 국악과에 진학하거나 국립 국악원에 들어갈 수 있었다. 이어서 사립 국악 예술학교가 생겼고, '국립 창극단'과 '서울 시립 국악 관현악단'이 만들어졌다. '박동진'을 비롯한 판소리 명창들이 여기서 활약했다.

트로트와 팝

1950년대 이후 사람들은 노래를 '가곡'과 '대중가요'로 구분하기 시작했다. 1950~1960년대 음반, 라디오, 텔레비전, 영화 등을 통해 대중가요가 막강한 영향력을 발휘했다. 특히 1930년대 처음 등장한 '트로트'가 사람들 마음을 사로잡았다.

6·25 전쟁 이후 한국에 주둔하는 미군은 군인 위문 공연을 자주 열었다. 미군을 위한 라디오 방송AFKN도 있었다. 이 방송을 통해 미국 대중음악인 '팝'이 들어왔다. 우리나라 대중음악 작곡가와 가수도 팝 스타일로 노래를 만들고 부르기 시작했다. 미군 무대에 올라가 인기를 얻고, 미국에 가서 무대에 서는 가수도 있었다.

1960년대 말 트로트 가수로는 이미자, 배호, 남진, 나훈아 등이 사랑받았다. 팝 스타일 노래로 이름을 날린 가수로는 한명숙, 현미, 최희준, 패티 김, 윤복희 등을 꼽는다.

발전하는 한국 음악

1970년대에 들어서 우리나라 음악가도 세계적으로 이름을 알리기 시작했다. 독일에서 활동하던 '윤이상'은 서양 악기와 음악으로 동양적인 아름다움을 표현했다. 높은 기량을 지닌 연주자도 많이 나왔다. 바이올리니스트 '정경화'와 피아니스트 '정명훈'은 유명한 국제 콩쿠르에서 상을 받았다.

국악 교육은 체계를 갖추고 발전했다. 국악사 양성소는 1972년 '국립 국악 고등학교'로 다시 문을 열었다. 한양대학교, 이화여자대학교 등 여러 대학에 '국악과'가 생겼다.

가야금 연주자이자 국악 작곡가인 '황병기'는 현대 음악 기법으로 많은 곡을 만들고 국악을 세계에 널리 알렸다.

청년 세대를 중심으로 '포크'와 '록' 음악이 대중가요를 장악했다. 청바

자기 작품 연주회 포스터 앞에 선 윤이상

신중현이 결성한 록 밴드 '에드훠'의 첫 번째
앨범

지, 장발과 함께 당시 새로운 문화로 자리 잡았다. 포크 가수는 직접 노래를 만들고 기타를 치며 연주했다. 여러 포크 음악이 권력에 저항하는 내용을 담고 있었는데, 유신 독재정권에 저항하는 노래는 금지곡이 되었다. 미군 부대를 통해 들어온 록은 대학을 중심으로 퍼졌다. '한대수', '김민기'가 저항적인 포크 가수로 이름을 알리고, '신중현'은 우리나라 최초 록 밴드를 결성해 활동했다.

1980년대 이후의 음악

1980년대 이후 음악가들은 한국적인 음악을 추구했다. 서양 음악에서 벗어나 전통을 계승하려고 한 것이다. 서양식 오페라가 아닌 우리식 음악극, 창극, 판소리 등을 개발하고, 서양 음악과 전통 음악 사이 경계를 허물려는 노력도 많이 했다. 사회 문제를 음악으로 표현하며 노동 현장, 시위 현장에서 공연하기도 했다.

1960년대 이후 사람들은 국악에 큰 관심을 기울이지 않았다. 음악가들은 대중음악과 순수 음악 사이의 벽을 넘으려고 시도했고, 1990년대에 들어서면서 국악에 관한 관심도 다시 늘어났다. 각종 국악 학교가 문을 열었고, 국악 방송도 활성화되었다.

한국 대중음악은 1980년대에 전성기를 맞았다. 음반이 백만 장 이상 팔리는 '밀리언 셀러' 가수도 여럿 나왔다. '조용필'은 팝, 록, 트로트, 포크, 민요 등 다양한 분야를 넘나들며 1980년대 한국 가요계를 지배했다. 1980년대 후반부터 1990년대 초반까지는 발라드 음악이 주류를 이루었다. 1990년대에는 댄스 음악, 전자 음악이 등장했다. '서태지와 아이들'은 댄스 음악, 록, 랩을 결합해 대중 음악계를 놀라게 했다. 대형 기획사를 중심으로 '아이돌 그룹'도 등장했다. HOT, SES, 젝스키스, 핑클 등의 그룹이 최고 인기를 누렸다.

21세기 우리 음악과 음악가

21세기 한국 음악은 세계 최고 수준에 도달했다. 해마다 유명 국제 음악 콩쿠르에 한국인 입상자가 빠지지 않는다. 서양 고전 음악 세계 3대 콩쿠르로 '쇼팽 콩쿠르', '퀸 엘리자베스 콩쿠르', '차이콥스키 콩쿠르'를 꼽는다. 2002년부터 2022년까지 3대 음악 콩쿠르 입상자 286명 중 한국인은 36명이었다. 러시아가 72명으로 가장 많았고 한국이 그다음이다. 1974년 정명훈이 차이콥스키 콩쿠르에서 2등으로 입상했을 때는 카퍼레이드를 하고 대통령이 훈장을 수여했다. 지금은 국제 콩쿠르 입상은 특별한 경우가 아니라면 큰 관심을 받기 어려울 정도이다.

대중음악 분야의 발전은 더욱 눈부시다. 한국 대중음악은 'K-Pop'이라는 이름으로 전 세계에 알려졌다. 미국, 영국, 일본 등의 인기 가수 순위에 한국 가수가 이름을 올린다. 'BTS'는 2020년 한국 가수로는 처음 미국 빌보드 차트*에서 1위를 차지했으며 이후에도 많은 빌보드 1위 곡을 발표하고 상도 휩쓸었다.

---

* 미국 음악 전문잡지 '빌보드'에서 내는 인기 순위.

오늘날과 미래의
음악가

인터넷이 발전하면서 음악가의 활동 범위가 전 세계로 넓어졌다. 음반을 내거나 방송에 나오거나 대형 공연을 열지 않고도 전 세계 수억 명의 관심을 끌 수 있게 되었다. 이름 없는 음악가도 인터넷에 올린 곡 하나로 세계적인 스타가 되기도 하는 시대이다. 지금도 수많은 사람이 인기 음악가가 되기를 꿈꾸며 노래하고, 연주하고, 작곡한다.

여러 음악가

곡을 만드는 사람

'작곡가'는 곡을 만드는 사람이다. '음'을 높낮이와 리듬에 따라 배열해 선율을 만든다. 여러 선율을 조합하고 다양한 기법으로 하나의 곡을 구성한다. 작곡가는 어떤 종류의 음악을 만드느냐에 따라 다른 작곡 방법을 쓴다.

'편곡자'는 작곡가가 만든 '주선율', 즉 곡에서 중심이 되는 선율을 뒷받침해주는 반주, 부선율, 코러스 부분을 만든다. 악기, 악단 구성, 하모니, 박자, 음악 장르 등에 따라 곡을 완성하는 데 이바지한다.

'작사가'는 곡에 어울리는 노랫말을 만든다. 시인이 쓴 시를 노랫말로 곡을 만들기도 하고, 작곡가나 가수가 직접 노랫말을 쓰기도 한다.

혼자서 작사, 작곡, 노래를 다 하는 음악가도 있다. 그런 음악가를

'싱어송라이터'라고 부른다.

연주하는 사람

음악은 사람 목소리로 표현하는 '성악'과 악기를 사용하는 '기악'으로 나눈다. 목소리로 곡을 연주하는 사람이 '가수' 또는 '성악가'다. 악기를 연주하는 사람은 '연주자'다. 연주자는 연주하는 악기 이름을 덧붙여 피아니스트(피아노 연주자), 바이올리니스트(바이올린 연주자), 플루티스트(플루트 연주자) 등으로 부른다. 가수는 혼자 노래하기도 하고(독창) 여럿이 같이 부르기도 한다(합창). 연주도 마찬가지다. 혼자 연주하는 '독주', 둘 이상 악기를 동시에 연주하는 '합주'가 있다.

합창이나 합주를 위해 여러 연주자가 함께 모여 '악단'을 만든다. 함께 노래하는 악단은 '합창단'이고 함께 연주하는 악단은 '관현악단'이다. 악단에서 여러 연주자를 이끄는 사람이 '지휘자'이다. 지휘자는 단원을 뽑고, 어떤 곡을 연주할지 정하고, 연습을 지도한다. 단원들의 연주가 조화를 이루도록 하고, 곡을 자기 스타일로 해석한다. 지휘자는 한 손에 지휘봉을 들고 연주자들에게 곡을 어떻게 연주할지 알려주고, 전체 음악의 흐름을 만들어간다. 몸짓이나 표정도 의사소통의 수단이다. 지휘자는 음악을 최종적으로 책임지는 사람이다.

여럿이 부르는 노래에는 높낮이가 다른 선율, '성부'가 구분되어 있다. 하나의 성부를 한 명(최대 2명)이 부르면 '중창', 두 명 넘는 사람이 함께 부르면 '합창'이다. 성부가 하나일 때 여럿이 이를 함께 부르면 '제창'이다.

기악도 비슷하다. 여러 악기가 각각 맡은 부분을 연주하는 기악곡이 있다. 각 부분을 악기 한 대, 연주자 한 명이 연주하면 '중주'다. 대표적으로 '현악 4중주'가 있는데 제1바이올린, 제2바이올린, 비올라, 첼로가 각각 다른 악보로 하나의 곡을 연주한다. 각 부분을 2대 이상 악기가 연주하면 '합주'다. 하나의 악기가 주인공이 되고, 악단이 합주하면서 균형을 이루는 연주는 '협주'라 한다. 피아노 협주곡은 피아노가 주인공, 바이올린 협주곡은 바이올린이 주인공이다.

대중음악과 순수 음악

대중음악이 무엇이라고 한마디로 이야기하기는 힘들다. 음악 지식이 없어도 즐길 수 있는 음악, 대중이 좋아하는 음악, 돈을 벌 목적으로 만든 음악 등이 대중음악이다. 우리나라에서는 실용 음악이라고도 부른다. 시대에 따라 대중이 좋아하는 음악은 달라진다. 대중음악가는 그 시대 보통 사람이 좋아하는 곡을 만들고, 노래하고, 연주한다. 큰돈을 벌고 인기를 누리기도 한다.

순수 음악, 예술 음악은 흔히 클래식을 꼽는다. 클래식은 19세기 이전 유럽에서 주를 이루었던 음악이다. 순수 음악은 대중성이나 상업

성보다는 예술성을 좇는다. 그러나 이런 종류의 음악을 하는 음악가들을 순수 음악가라고 부르지는 않는다.

순수 음악을 공부한 사람도 대중음악을 한다. 유명한 소프라노 가수가 유행가를 부르기도 하고, 대중음악 가수와 클래식을 주로 연주하는 관현악단이 함께 공연하기도 한다. 유명한 관현악단이 영화 주제가나 유행가 연주를 공연할 때도 있다.

전통 음악을 하는 국악인

우리 전통 음악을 잇는 음악가가 '국악인'이다. 국악 연주자는 가야금, 거문고, 피리, 아쟁 등 전통 악기를 연주한다. 국악 성악가는 전통 가곡, 가사, 시조, 판소리, 민요 등을 부른다. 국악 작곡가는 새로운 국악 곡을 쓰고, 편곡자는 이 곡을 공연의 특징에 따라 편곡한다.

국악인은 악단이나 단체에 들어가 활동하거나 개인적으로 공연한다. 대부분 국악인은 어려서부터 전통 음악을 배우는데 서양 음악과 배우는 내용과 과정이 다르다.

음악 관련 전문 직업

악단을 감독하고 관리하는 사람

'음악 감독'은 악단의 전반적인 운영을 책임진다. 지휘자와 함께 공연할 작품을 정하고, 작곡가에게 새 곡을 써달라고 청한다. 연주자를 채용하고, 악단과 함께 공연할 지휘자를 초청한다. 악단 운영에 필요한 비용을 구하고, 악단 홍보를 위한 각종 프로그램을 만든다. 악단이 장기적으로 나아가야 할 방향을 정하고 악단 직원들이 일하기 좋은 환경을 구성하는 것도 음악 감독의 일이다. 악단이 회사라면 음악 감독은 사장인 셈이다. 악단 소속 지휘자가 음악 감독을 겸하는 일도 많다.

작은 규모 악단인 밴드에는 '밴드 리더'가 있다. 밴드 리더는 함께 연주하는 연주자이기도 하다. 밴드 구성원을 모으고, 연습을 주도하고, 공연을 이끈다. 밴드 리더는 자기 자신이 스타 연주자나 가수인 경우가 많다. 밴드 리더는 음악 활동 외에도 공연 장소 예약, 공연 준비, 밴드와 관련자의 급여 지급, 음반사나 방송사와의 계약 등 밴드 운영 관련 일도 맡는다. 연주자 사이에 벌어지는 다툼과 갈등을 조정하는 역할도 중요하다.

곡을 완성하는 사람

오늘날 큰 규모의 작품은 작곡가가 처음부터 끝까지 혼자 만들지만은 않는다. 작곡가의 중요한 역할은 기본 선율과 곡의 주제를 만드는 것이다. 이 곡을 작곡가로부터 넘겨받아 완성하는 일을 하는 사람이 '오케스트레이터orchestrator'이다. 오케스트레이터는 작곡가가 만든 곡을 최대한 유지하면서 음악 품질을 높인다. 곡이 조화를 이루도록 곡 각 부분에 참여하는 연주자 수, 악기 종류, 연주할 부분을 구체적으로 정하고, 때로는 새로운 부분을 만들어 넣기도 한다. 영화나 TV 방송에 쓰이는 음악을 만들 때는 오케스트레이터의 역할이 특히 중요하다.

오케스트레이터는 악보를 손봐 완성한 다음 '카피스트copyist'에게 넘긴다. 카피스트는 악보를 받아서 연주자별, 악기별로 개별 악보를 만든다. 악보에 페이지 넘김, 쉼표, 음악 표현 방법 등을 구체적으로 기록한다. 이렇게 만든 최종 악보가 지휘자, 음악 감독, 연주자, 가수 등에게 배포되는 것이다.

음악 녹음과 방송 일을 하는 사람

녹음할 때 기술적 문제를 책임지고 음악을 기록하는 사람이 '녹음 엔지니어'다. 녹음 엔지니어는 음악에 들어가는 각종 악기 소리, 노래 등을 녹음한다. 어떤 마이크를 사용할지, 녹음 장비를 어떻게 배치할지 등 작업실 준비부터가 녹음 엔지니어의 몫이다. 녹음한 다음에는 박자를 고르고, 음악의 톤과 강도를 수정하고, 효과음을 추가하기도 한다.

'믹싱 엔지니어'는 녹음된 여러 소리를 조화롭게 합치고 다듬는다. 대부분 녹음 엔지니어로 일을 시작해 오랜 경험을 쌓은 후 믹싱 엔지니어로 일한다.

'마스터링 엔지니어'는 녹음과 믹싱이 끝난 음악을 자연스럽게 연결한다. 잡음을 줄이고, 소리를 더 크고 선명하게 만든다. 어떤 장치를 통해 들어도 좋은 소리가 나도록 음악을 최종적으로 조정한다.

음악을 항상 모든 환경이 잘 갖추어진 실내 스튜디오에서 녹음하는 것은 아니다. '현장 녹음 담당자'는 통제되지 않는 현장에서 소리를 녹음한다. 노래나 연주뿐 아니라 자연의 소리도 녹음한다. 현장 녹음 담당자는 특히 영화나 방송에 쓰이는 음악 녹음에서 매우 중요한 역할을 한다. 깊은 물 속에서 고래가 내는 소리, 높은 산에서 부는 바람 소리 등을 특수한 장치로 녹음한다.

현장에서 녹음한 소리를 그대로 사용하지는 않는다. '사운드 디자이너'는 각종 소리를 재료로 하여 새로운 소리를 만들어낸다. 영화에 사용하는 각종 효과음, 배경 음악은 사운드 디자이너의 손을 거친다.

음악을 평가하고 가르치는 사람

'음악 평론가'는 음악을 듣고 그 작품의 음악성과 가치를 분석한다. 대중에게 작품과 공연의 특징과 장단점을 알기 쉽고 명확하게 전달한다. 새로운 곡, 신인 가수, 연주자를 소개하는 역할도 한다. 신문이나 잡지에 음악에 관한 글을 쓰고, 방송에 출연해 음악을 설명하기도 한다. 작곡가나 연주자, 가수 출신이면서 평론을 하는 사람도 있다. 대부분 음악 이론과 역사를 공부한 전문가이다.

'음악 교사'는 학교에서 음악 과목을 가르친다. 개인 음악 학원을 차려 가르치는 교사, 대학에서 가르치는 교수도 있다. 이들도 음악가로서 활동하기도 한다.

음악가의 활동

공연 활동

공연 예술은 특정한 장소와 시간을 정해두고 관객 앞에서 작품을 표현한다. 음악도 공연 예술로 출발했다. 음악가에게는 대중 앞에 서서 노래 부르고 연주하는 공연 활동이 가장 기본인 것이다.

공연을 주최하는 사람은 음악가를 초청하고 공연 대가를 지급한다. 공연 규모는 다양하다. 이름 없는 음악가는 작은 무대에서도 공연한다. 결혼식 같은 개인 행사를 비롯해 대학이나 지역 축제 등에서도 공연한다.

인기 스타는 대형 콘서트홀이나 수만 명이 들어갈 수 있는 스포츠 경기장에서 거대한 규모로 공연한다. 국가 기념식, 외국 외교 사절이 찾아왔을 때 여는 행사 등에서도 축가를 부르고 연주한다.

음반과 방송

1990년대까지 음악가는 LP판이나 CD에 음악을 녹음해 판매했다. 이제는 컴퓨터, 인터넷, 스마트폰으로 음악을 저장하고, 전달하고, 재생한다. 음악가는 '디지털 음원'을 등록하고, 사람들은 인터넷에서 원하는 음악을 내려받거나 스트리밍한다. 여러 음악 플랫폼은 가입자를 모은다. 가입자는 돈을 내고 곡을 재생하거나 내려받는다. 음악 사이트 이용자가 낸 돈은 플랫폼, 작곡가, 작사가, 가수, 연주자가 나눠 가진다.

음악가는 지금도 CD 등 실물 음반을 발매한다. 팬들은 음악을 듣기 위해서라기보다는 기념품처럼 CD를 산다. 방송 출연도 빼놓을 수 없다. 음악 방송은 물론이고 버라이어티 쇼나 예능 프로그램, 시상식, 기념식 등에 음악가가 등장한다.

영화나 드라마, 게임 등에 들어가는 OST*도 중요해졌다. 해당 작품이 인기를 얻으면 OST 음악가도 덩달아 스타가 된다. 각종 영화제에서도 음악 관련 상을 따로 준다.

다른 여러 활동을 하는 음악가

신인 음악가는 이름을 알리기 위해 각종 콩쿠르에 도전한다. 서양

---

* 오리지널 사운드트랙(Original Sound Track). 영화, 게임 등을 위해 새로 만든 음악. 연주곡은 '오리지널 스코어'라고도 부른다.

고전 음악 여러 분야를 겨루는 국제 콩쿠르가 정기적으로 열린다. 방송사는 신인 가수를 뽑는 대회를 연다. 자기 이름을 알릴 수 있는 좋은 기회인 만큼 경쟁은 아주 치열하다.

신인이나 무명 음악가는 공원 등 길거리에서 공연하기도 한다. 이를 '버스킹'이라 한다. 우연히 방송이나 음반 관계자 눈에 들어 방송에 나가거나 곡을 내는 기회를 잡기도 한다.

다른 음악가가 작품을 만들 때 참여하기도 하는데 이를 '피처링'이라고 한다. 유명 음악가가 피처링한 곡은 사람들의 관심을 끌고는 한다.

음악 지도자는 대회에 심사위원으로 참가하거나, 아마추어에게 음악을 가르치거나, 음악을 전공하려는 학생을 지도한다.

요즘에는 인터넷에 음악 콘텐츠를 올리기도 한다. 다른 사람 노래를 자기 스타일로 바꿔 부르거나, 음악을 소개하거나 평론하는 콘텐츠를 만들기도 한다. 유튜브에 올린 음악 콘텐츠로 큰 인기를 끄는 음악가도 등장했다.

혼자 또는 여럿이서

음악가는 개인으로 활동하기도 하고, 회사 등 단체에 들어가기도 한다. 개인 음악가는 직접 여러 활동 계획을 짜고 일감을 구한다. 악단에 들어가 월급을 받으며 정해진 일을 하는 음악가도 있다.

기획사에 속한 음악가도 많다. 기획사는 신인 가수나 음악가를 발굴해 가르친다. 일거리를 구해오고, 활동에 필요한 의상, 화장, 이동 등을 지원한다. 이름을 알릴 수 있도록 홍보를 돕고 계약과 같은 법적 문제를 처리한다. 기획사는 이렇게 음악가를 지원하는 대신 음악가가 버는 돈을 나눠 가진다.

음악을 사랑하는 사람

음악가는 소리를 민감하게 느끼고, 소리로 표현할 줄 알아야 한다. 이런 능력이 빛을 발하기 위해서는 공부와 훈련을 거듭해야 한다. 배우고 연습하는 과정은 고통스럽고 지루할 수 있다. 하지만 성공한 음악가들은 재능도 중요하지만 '끈기'와 '성실'이 중요하다고 한결같이 이야기한다. 음악을 사랑하는 사람만이 이 과정을 포기하지 않고 견뎌낸다. 음악가가 되려면 무엇보다도 음악을 사랑해야 한다.

작곡가에게는 선율과 리듬을 만드는 능력이 꼭 필요하다. 악기 각각의 특성도 정확히 이해해야 한다. 음악 이론과 역사도 공부해야 하고, 자기 생각을 표현하기 위해서는 문학, 미술, 영화 등 다른 예술 분야에도 해박한 것이 좋다. 철학과 인문학 공부도 큰 도움이 된다.

악기 연주자는 손과 팔, 몸을 잘 써야 한다. 섬세하게 손을 다루고, 숨을 불어넣고, 팔을 움직여야 한다. 그러기 위해서는 반복 연습이 필수다.

가수에게 노래 솜씨는 기본이다. 가수는 많은 사람 앞에서 자기를 내보일 수 있어야 한다. 무대에 서면 흥이 나는 '끼'도 있어야 한다. 노래를 듣는 사람들과 소통하는 능력도 중요하다. 오늘날 해외로 진출한 음악가들을 보면 여러 나라의 언어와 문화를 이해하기 위해 노력하고 있음을 알 수 있다.

미래에 음악과 음악가는
어떤 모습일까?

가까운 미래에는

지휘자, 작곡가, 연주자는 2031년까지 약간 늘어나리라 짐작한다. 2021년 기준 우리나라에 지휘자, 작곡가, 연주자 직업을 가진 사람은 약 1만 5천 명이다. 2023년에는 1만 6천 명 정도라고 예상한다.

온라인으로 음원 유통이 활발해졌고, 저작권을 보호하려는 노력도 성과를 거두었다. 각종 작곡 소프트웨어와 많은 자료를 편하게 이용할 수 있게 되었다. 이런 변화로 작곡가 수는 조금 늘어나리라 예측한다.

고전 음악을 주로 노래하는 성악가와 대중음악 활동을 하는 가수 수는 몇 년 안에 크게 늘거나 줄지 않으리라 예상한다(한국 직업 전망 2021, 한국고용정보원).

한국 청소년에게 가수는 늘 인기 직업이었다. 특히 최근 K-Pop은 세계적으로 위상이 높아지고 있다. 연예 기획사는 자체적으로 신인을 발굴하고, 방송사나 콘텐츠 제작 회사도 공개 경연을 열어 신인을 찾는다. 온라인 플랫폼이나 SNS 서비스 등에 자기 노래를 올려 인기를 끄는 가수도 있다. 앞으로도 많은 신인 가수가 등장할 것이다. 하지만 신인이 등장하는 만큼 가수 활동을 그만두는 사람도 많다. 오랫동안 꾸준히 인기를 유지하는 가수는 그리 많지 않다. 경쟁도 매우 치열하다.

고전 음악을 주로 노래하는 성악가는 수요가 줄어드는 추세다. 성악가도 뮤지컬 무대에 서거나 유행하는 노래를 부르기도 한다.

전통 음악을 하는 국악인도 지금과 큰 변화는 없으리라 예상한다. 국악 분야는 현대에 대중적으로 인기를 끌지 못했다. 얼마 전부터 국악을 요즘 스타일로 바꾼다거나 서양 곡을 국악 스타일로 바꾼 연주와 노래가 등장했다. 국악을 해외에 알리는 노력도 성과를 거두고 있다. 최근에는 현대적인 국악 노래가 유튜브에서 큰 인기를 끌기도 했다.

인공지능의 영향

음악 분야에도 인공지능은 막강한 영향력을 발휘하고 있다. 컴퓨터를 이용해 음악을 만든 역사는 꽤 길다. 1957년부터 컴퓨터 프로그램으로 현악 4중주곡을 만들기 시작했다. 1970년대 이후 작곡을 하는 데 사용하는 컴퓨터 프로그램은 꾸준히 개발되어 나왔다. 인공지능 기술이 본격적으로 이용되기 시작한 것은 2010년 이후이다. 인간 두뇌와 비슷한 방식으로 작동하는 딥러닝 기술이 개발되었기 때문이다. 컴퓨터는 딥러닝 기술을 바탕으로 막대한 데이터를 학습해 인간처럼 새로운 곡을 만들어 낼 수 있게 되었다.

'뮤즈넷'이라는 인공지능은 사람이 전체적인 음악 스타일과 첫 음 6개를 정해주면 곧바로 4분 정도 길이의 음악을 만들어 낸다. 영국 케임브리지 대학에서는 '주크데크'라는 시스템을 개발했다. 사용자가 웹 페이지에서 음악 장르, 분위기, 빠르기, 악기 종류, 음악 길이 등을 정하면 30초 이내로 곡을 만든다. '아이바'라는 프로그램은 2016년과 2018년에 음반을 발매하기도 했다.

전 세계 정보 통신 기업들은 인공지능 음악 개발에 계속 노력을 기울인다. 구글은 '마젠타 프로젝트'를 진행 중이다. 이들은 음악을 비롯해 예술 창작 분야에 적용할 수 있는 인공지능 개발을 목표로 하고 있다.

우리나라에도 '이봄'이라는 인공지능 작곡가가 있다. K-Pop은 물론이고 여러 장르의 음악 작곡이 가능하다. 이봄이 만든 음악이 광고 음악으로 사용되기도 했다.

국악 분야에서도 인공지능을 이용하기 시작했다. 국악 작곡 원리를 분석하고 옛 악보 '정간보'를 데이터로 만들어 이를 바탕으로 국악 작곡 인공지능을 개발한 것이다.

이처럼 인공지능 분야는 매우 빠르게 발전하는 중이다. 결과물의 품질도 하루가 다르게 좋아지고 있다. 인공지능은 작곡뿐 아니라 작사도 할 수 있다. 이제는 널리 알려진 'Chat GPT'나 'Bard' 같은 생성형 인공지능 프로그램은 주제를 정해주면 훌륭한 노랫말을 금방 만든다.

미래의 가수와 연주자

이미 20년 전에 컴퓨터 그래픽으로 만든 가상 가수가 등장했다. 지금은 작사와 작곡, 연주와 노래까지 하는 로봇이 등장했다. 조지아 공

로봇 연주자 '시몬'(유튜브 캡처 : https://www.youtube.com/watch?v=I9OUbqWHOSk&t=101s)

대 '길 와인버그' 교수와 연구팀은 로봇 음악가 '시몬'을 개발했다. 시몬은 주제를 주면 곡을 만들고 가사를 쓴다. 시몬은 자기가 만든 목소리를 합성해 노래로 부르고 악기도 연주한다. 다른 연주자와 함께 공연도 하고, 무려 랩 배틀도 가능하다. 공연을 할 때는 관객과 소통하기 위해 머리 등을 움직인다.

이미 세상을 뜬 가수의 모습을 살아 있는 것처럼 보여주는 기술도 있다. 가수가 활동할 당시 남긴 목소리, 사진, 영상 데이터를 바탕으로 인공지능이 새로운 영상과 목소리를 만들어 내는 것이다. 영상을 만드는 기술도 나날이 발전하고 있어서 진짜 사람인지, 인공지능이 컴퓨터 영상으로 만들어 낸 사람인지 구별하기도 점점 어려워지고 있다.

작사와 작곡, 연주와 노래는 아무나 쉽게 할 수 없던 분야였다. 오랫동안 공부하고 연습하는 것은 물론 어느 정도 재능도 있어야 했다. 그런데 기술이 발전하며 이러한 어려움이 많이 사라졌다. 전문 작곡가와 아마추어의 구분도 희미해지고 있으며, 인공지능이 만든 작품과 인간이 만든 작품을 구별하기도 어려워지고 있다.

음악가들은 인공지능을 어떻게 보아야 할지 고민하고 있다. 어떤 사람은 인공지능을 편리한 도구로 사용하면 된다고 주장한다. 그에 반해 인공지능 사용을 제한해야 한다는 의견도 있다. 그저 편리한 도구가 하나 더 생긴 것인지, 아니면 그보다 더 큰 변화가 찾아올지는 아직은 누구도 자신 있게 답하지 못한다. 그래도 수만 년 전부터 음악을 즐기고 만들어 온 인간의 창의성을 무시할 수 없다. 아무리 기술이 발전해도 음악을 직업으로 택하는 사람이 줄지는 않을 것이다.

어떻게 음악가가 될 수 있나요?

음악가가 되려면

음악가가 되기 위한 자격 조건은 없다. 어떤 학교를 졸업하든, 무엇을 전공하든 실력만 있으면 직업 음악가로 활동할 수 있다. 하지만 대부분 직업 음악가는 오랫동안 자기 분야를 공부하고 연습한 사람이다. 체계를 갖춘 학교에서 공부하는 편이 유리하다.

음악가를 지망하는 학생은 음악 대학에 들어가는 것이 좋다. 특히 피아노나 바이올린, 첼로 등 악기 연주자가 되고자 하는 사람은 어릴 때부터 악기를 다룬 경우가 많다. 빠르게는 초등학교 입학 전부터 재능을 발휘하는 아이도 있다. 대부분 사설 학원이나 개인 교사에게 음악을 배운다.

음악 전공 학교

중학교부터 예술 교육을 전문으로 하는 학교가 있다. 예원학교, 선화예술중학교, 계원예술중학교, 부산예술중학교, 전주예술중학교, 광주예술중학교 등이 있다. 국립국악중학교와 국립전통예술중학교는 국악 교육에 집중하는 곳이다. 예술중학교에 입학하려면 시험을 치러야 한다.

예술고등학교는 전국에 30여 개가 있다. 국립국악고등학교, 국립전통예술고등학교, 진도국악고등학교 등은 국악을 전공하는 고등학교다. 이곳에 입학하기 위해서도 치열한 입시 경쟁을 치러야 한다.

많은 대학교에는 음악 대학이 있다. 음악 대학에는 성악과, 작곡과, 기악과, 국악과, 실용 음악과 등이 있다. 각 학과는 다시 세부적인 전공에 따라 나뉘기도 한다. 예를 들어 기악과 피아노 전공, 작곡과 지휘 전공 등이다. 피아노과, 관현악과 등으로 나뉘진 학교도 있다. 음향 관련 기술, 악기 제작과 수리를 가르치는 학과도 있다.

음대에 입학하려면 수능 시험 외에도 실기 시험을 치러야 한다. 실기 시험 성적이 합격 여부에 큰 영향을 끼친다. 성악이나 기악을 전공하려는 학생은 정해진 곡을 노래하고 연주해야 한다. 작곡을 전공하고자 하는 학생은 곡을 써야 하고, 지휘를 전공하려는 학생은 정해진 곡을 지휘해야 한다. 국악이나 실용 음악을 전공하려는 학생도 마찬가지로 실기 시험을 치러야 한다. 시험의 종류와 시험 곡은 매년 달라진다. 외국 음악 대학으로 직접 진학하는 학생도 꽤 많다.

꼭 예술중학교, 예술고등학교를 졸업해야만 음악 대학에 갈 수 있는 것은 아니다. 고등학교 졸업과 동등한 자격을 지니면 누구나 음악 대학에 지원할 수 있다.

직업 음악가 되기

음악 활동으로 돈을 버는 사람을 직업 음악가라고 할 수 있다. 우선 관현악단, 교향악단, 국악단, 오페라단, 합창단 등에 들어가 월급을 받을 수 있다. 악단마다 사람을 뽑는 기준과 시험이 있다. 연예 기획사에 들어가기도 한다. 연예 기획사는 훈련 프로그램부터 공연 계약까지 음악가를 지원한다.

신인 음악가는 각종 공연 대회에 참가한다. 국내와 국제 콩쿠르, 방송사 주최 오디션 프로그램, 지방 경연 대회 등 다양한 대회가 있다. 상을 받으면 이름이 나서 기획사의 눈에 들 수도 있고, 대회를 주최한 단체에게서 각종 혜택을 받기도 한다.

유튜브 등 온라인 매체에 자기 연주나 곡을 올리는 방법도 있다. 유튜브 활동으로 많은 시청자를 확보하면 그 자체가 큰 수입이 되고, 그렇게 유명세를 얻어 스타가 되기도 한다.

학교 음악 교사, 학원 음악 강사, 개인 교사, 대학 교수 등 음악 교육 분야에서 활동하는 사람도 많다.

우리나라 음악가

매년 새로운 음악가가 등장하는 만큼 활동을 그만두는 음악가도 생긴다. 정부나 공공 기관에서 음악가를 특별히 관리하거나 집계하지는 않는다. 음악 관련 협회에 등록한 회원들도 있지만 모든 음악가가 등록하는 것은 아니다. 문화체육관광부는 2020년 기준 서양음악 분야에 2만 2천여 명, 국악 분야에 1만 1천여 명, 대중음악 분야에 3만 3천여 명 정도가 속해 일하리라 추산한다.

무명 음악가부터 어마어마한 돈을 버는 인기 가수까지 수입은 천차만별이다. 저작권 제도가 자리 잡으며 작곡가, 작사가 중에 1년에 수백억 원에 달하는 저작권료를 버는 사람도 있다. 문화체육관광부에서 조사한 2020년 '예술인 실태조사 통계정보 보고서'는 음악인 연평균 수입은 365만 원, 국악인은 359만 원, 대중음악인은 445만 원 정도라 밝힌다. 다른 부업으로 얻은 수입은 빼고 개인이 예술 활동으로 번 돈만 계산한 것이다. 평균치로만 보면 다른 직업에 비해 매우 낮다. 돈보다는 꿈을 보고 도전하는 직업이라고 할 수 있다.

2부

몸동작으로 의미와
아름다움을 표현하는 무용가

무용가의
탄생과 변화

선사 시대 동굴 벽화에는 인류가 춤추는 모습이 남아 있다. 사람들이 언제부터 춤을 추기 시작했는지는 정확히 밝혀지지 않았지만 고대 사회의 제사와 축제에서는 무용이 아주 중요한 요소였다.

춤을 춘 선사 시대 사람들

춤추는 사람들

'무용'은 음악에 따라 몸을 계속 움직이는 행동이다. 간혹 음악 없이 무반주로 춤출 때도 있다. 우리말로는 '춤'이다. 무용을 직업으로 하는 사람이 '무용가', 또는 '무용수'다. 춤꾼이나 댄서라는 말도 흔히 쓴다. 박자에 맞춰 몸을 움직인다고 모두 무용은 아니다. 박자 맞춰 노를 젓거나, 노래를 부르며 김매는 일은 무용이 아니다. 반드시 무엇인가를 '표현'해야 무용이다. 무용은 의도를 가지고 몸을 움직여 감정과 의미, 아름다움을 전한다.

유적에 남은 흔적

오랜 옛날부터 사람들은 노래하고 춤췄다. 사냥에 성공하기를 바라면서, 하늘과 영혼에 제사 지내면서, 아픈 사람을 치료하면서 춤추었다. 다른 부족과 전투를 벌이기 전에도 사기를 높이기 위해 춤을 추었다.

세계 각지에 남아 있는 옛 그림에서 춤추는 사람 모습을 흔히 찾을 수 있다. 스페인과 프랑스 동굴 벽화에는 춤추는 사람 모습이 남아 있다. 1908년 스페인 '로카 델 모로' 동굴(코굴 동굴) 벽에서 선사 시대 그림을 발견했다. 그중에는 여성 아홉 명이 남성 1명을 둘러싸고 춤추는 그림이 있다. 남아프리카 보츠와나 지역 바위 동굴에서도 춤추는 모습을 담은 그림이 많이 나왔다. 사냥감을 둘러싸고 춤추는 사람들, 환자를 치료하는 주술사와 그 주위를 둘러싸고 춤추는 사람들 등이다.

아프리카 보츠와나에서 발견한 바위에 그린 그림. 가운데 춤추는 사람과 그를 둘러싸고 손뼉을 치는 사람들

동아시아 유적과 유물

중국 헤이산 암벽에는 선사 시대 그림이 있다. 이 그림에는 머리에 새 깃털 장식을 한 사람들이 늘어서 춤추는 모습이 있다. 혼자 또는 여럿이 줄지어 팔과 몸통을 비튼다. 학자들은 무술 연습을 그린 것이라고도 본다.

네이멍구 랑산 바위에서도 홀로 춤추는 모습, 네 사람이 어깨를 맞대고 팔을 끼고 춤추는 모습 등을 그린 그림이 발견되었다.

우리나라 울주 대곡리 반구대 바위에는 고래 그림 아래 두 손과 발을 벌리고 춤추는 사람 모습이 새겨져 있다. 고래 사냥을 나서기 전 제사 지내는 사람을 그린 듯하다.

중국 마자야오 마을에서는 기원전 3100년~기원전 2700년경 만든 도자기가 많이 나왔다. 어느 도자기 안쪽에는 무용하는 사람들의 모습이 그림으로 그려져 있었다. 마을 사람들이 모여 손을 잡고 춤추는 모습인데, 5명씩 세 그룹으로 춤추고 있다. 옷차림, 동

울주군 반구대 암각화에 등장하는 춤추는 사람 (붉은 원)

작, 머리 장식, 꼬리 장식이 모두 같고 상당히 수준 높은 무용을 추는 것으로 보인다.

마자야오 도자기 표면의 춤추는 사람들

문명의 탄생과 무용가

고대 이집트 무용과 무용가

축제와 종교 행사에서 춤은 매우 중요했다. 이집트인들은 여러 신을 숭배했다. 풍요와 농업, 부활과 생명, 초목을 관장하는 '오시리스'와 대지와 물 등 만물을 지배하는 여신 '이시스'는 이집트의 중요한 신이었다. 이집트인들은 매년 여름과 가을에 오시리스와 이시스에게 바치는 축제를 열었다.

시간이 지나며 의식이나 제사에서 추던 춤이 독자적으로 발전하기 시작했다. 기원전 1500여 년 전부터 잘 훈련된 전문 무용가와 무용단이 등장했다. 이집트 대도시 테베와 알렉산드리아에서는 전문 공연단이 무대를 펼쳤다. 장례식에서는 사원 소속 무용가들이 죽은 자를 기리는 춤을 추었다. 귀족들은 잔치에 흥을 더하기 위해 전문 무용가

기원전 1400년경 이집트 무덤 벽화에 등장하는 무용수

를 불렀고, 그들은 대개 노예 신분이었다. 춤추는 노예는 귀중한 재산이었다. 귀족들은 춤을 잘 추는 노예를 선물로 주고받기도 했다.

이집트 춤은 뛰어오르는 동작과 회전하는 동작을 중요하게 여겼다. 무용가는 곡예처럼 어려운 자세를 취했다. 인도나 아프리카처럼 다른 지역에서 온 무용수도 있었다. 아프리카 중부 지역에서 온 피그미족* 무용수는 재빠른 몸놀림으로 큰 인기를 끌었다. 이집트 파라오 네페르카레 2세가 피그미족을 궁정으로 빨리 데려오라며 지방 관리에게 특별히 명령했다는 기록도 남아 있다. 어떤 파라오는 죽은 다음 난쟁이 무용수로 다시 태어나게 해달라고 기도했다고도 한다.

중국 전설에 등장하는 무용가

중국 전설에 따르면 '삼황오제'라고 불리는 지배자가 있었다. 기록을 보면 '오제' 중 한 명인 황제가 다스릴 때 '운문 대권(운문)'이라는

* 아프리카, 동남아시아 등에 사는 키 작은 사람들을 통틀어 일컫는 말.

무용이 있었다.

요임금 때는 '질'이라는 사람이 산과 계곡에서 나는 소리를 본떠 '대장(대함)'이라는 악무(음악과 무용)를 만들었다. 하늘에 제사 지낼 때 대장을 연주하면 온갖 짐승이 몰려와 춤을 추었다고 한다.

순임금은 '대소', 우임금은 '대하'라는 악무를 만들었다. 제사는 왕이 직접 관장했는데, 악무는 제사에 빠지지 않았다. 하늘과 소통하고 신의 말을 전하는 역할은 무당이 했다. 종교 지도자로서 권위가 가장 높았던 무당은 춤을 추며 기도를 올렸다.

무, 악, 악무

한자로 춤을 '무(舞)'라고 쓴다. 두 발을 교차하며 춤을 추는 모습을 표현하는 것이다. 하늘에 제사 지내는 사람은 '무(巫)'다. 소매를 흔들며 춤추는 모습을 표현했다고 본다. 중국 학자들은 舞 글자가 巫에서 나왔다고 생각한다.

동아시아에서 음악과 무용은 따로 뗄 수 없다. 옛날 중국 경전에서는 "사람 마음이 움직여 소리(聲)가 나타나고, 소리는 서로 어울려 아름다운 곡조인 음(音)으로 변한다. 이 음을 악기로 연주하고, 도구를 들고 연주에 따라 춤을 추면 악(樂)이 된다."라고 설명한다. 악(樂)은 음악뿐 아니라 춤까지 포함하는 종합 예술이다. 음악과 춤을 한꺼번에 '악무'라 썼다. 춤추고 노래하는 일을 따로 구분하지 않은 것이다.

악무를 담당하는 노예도 있었는데, 자세한 기록은 남아 있지 않다. 다만 상나라 시절 고대 무덤에서 여인의 유골이 나왔는데, 악기와 무용 도구가 함께 발견되었다. 당시에는 왕이나 지배 귀족이 죽으면 노예를 같이 묻는 순장 제도가 있었는데, 이 여인이 악무를 맡았던 노예였으리라 짐작한다.

고조선 시대 우리나라의 춤

우리 역사에 최초로 등장하는 국가 고조선은 기원전 2300년대에 세워졌다고 전한다. 고조선에서 하늘에 제사를 지낼 때도 음악과 춤, 노래가 어우러졌다. 『삼국유사』에 따르면 고조선에서는 청동으로 만든 방울과 칼을 제사 도구로 사용했다.

우리 악무는 '매', '이', '주리'라는 이름으로 불렀다. 주리는 농사지을 때 추던 춤으로 본다. 풍년을 기원하는 춤으로는 '지모무'가 있었다. '창(모)을 잡고(지) 추는 춤(무)'이라는 뜻이다.

중국 왕 앞에서 우리 악무를 공연했다는 기록도 남아 있다. 중국 역사책 『사기』에는 고조선 왕이 놀러 나갔을 때 악공이 '영선악'을 연주하고 궁녀가 '영선무'를 췄다는 내용이 있다. 영선악과 영선무는 궁중 잔치에 쓰이는 악무였으리라 짐작한다.

고대 그리스 · 로마의 무용가

고대 그리스인들이 생각한 무용

그리스 무용은 이집트 무용의 영향을 받았다. 그리스 철학자 플라톤(기원전428?~기원전347?)은 춤에 관한 이론을 펼치며 '아름다운 몸을 흉내 내는 춤'과 '추한 몸을 흉내 내는 춤'을 구분했다. 그는 아름다운 몸을 흉내 내는 춤은 고귀한 예술 행위라 생각했다. 또한 남성과 여성에게 각각 적합한 춤이 있다고 주장했다.

그리스 춤 교육을 그린 그림. 가운데 소녀 두 명이 춤을 연습하고 있다. 그 옆에 무용 교사가 감독하고 있다. 기원전 425~기원전 450년경 물병 젊은 사람들을 가르치고 체력을 단련할 때도 춤은 중요했다. 당시 그리스 도시 국가 시민들은 전쟁이 벌어지면 군인으로서 싸워야 했다. 어린 소년들은 갑옷을 입고 무기를 든 채 춤을 추는 연습을 했다. 철학자 소크라테스(기원전470?~기원전399)는 "최고로 훌륭한 무용가는 최고로 훌륭한 전사"라고 했다.

연극 무대에 오르는 무용가

그리스 시민들에게도 춤은 인기였다. 기원전 11세기~기원전 10세기 무렵 춤은 놀이로 자리 잡았다. 시인 호메로스가 쓴 서사시 「일리아스」와 「오디세이아」에는 사람들이 잔치에서 춤추며 즐기는 모습이 등장한다.

고대 그리스에서는 연극이 발달했는데, 연극 무대에는 배우 한 명과 합창단(코러스)이 올랐다. 코러스는 노래하고 춤을 추었다. 때로 배우와 대사를 주고받기도 했다. 초기 코러스 구성원은 아마추어 시민이었는데, 기원전 4세기 말부터 코러스 일을 직업으로 삼은 사람들이 등장했다. 이들은 무대 위에서 대열을 짜고 정해진 동작을 취하며 무용수이자 합창단원 역할을 했다. 이들도 배우만큼이나 인기를 누렸고, 직업인으로서의 권리를 지키기 위해 조합을 만들기도 했다.

그리스 연극 무대에 여성은 오를 수 없었다. 여성 무용가들은 거리나 시장, 광장에서 공연했다. 이들은 주로 부잣집에서 열리는 잔치에 참석해 흥을 돋우었다.

연극 무대에서 공연하는 춤, 종교 의식에서 추는 춤, 결혼식이나 장례식 등 개인 행사에서 추는 춤, 축제에서 즐기는 춤 등 분위기와 목적에 맞는 춤 200여 종류가 있었다.

로마의 무용

지중해 연안에서는 기원전 3세기 무렵부터 로마가 세력을 넓혔다. 로마는 그리스 문화를 받아들였는데, 시간이 흐르면서 점차 변화가 생겼다. 로마 사람들은 넓은 공간에 많은 사람이 모여 공연을 감상했다. 화려한 서커스, 검투사 대결, 조련한 동물의 묘기 등의 볼거리가 무대를 장식했다.

춤도 달라졌다. 그리스 춤은 균형과 조화, 섬세함을 중요하게 여겼다. 로마의 춤은 동작이 커지고 화려하게 바뀐 대신 거칠고 투박해졌다. 여성 무용가도 남성 무용가와 함께 무대에 오르기 시작했다.

로마 시민들은 춤을 그리 중요하게 여기지 않았고, 자연스레 무용가의 지위는 낮아졌다. 무용가는 대부분 노예나 하층민이었다. 정치가이자 작가인 키케로(기원전106~기원전43)가 "술에 취하지 않고도 춤을 추는 사람은 정신 나간 사람이다."라고 했을 정도로 인식이 좋지 않았다.

춤으로 이야기를 전하다

1세기 아우구스투스 황제 시절 로마에서는 '마임'과 '팬터마임'이 유행했다. 말없이 몸짓으로만 이야기를 표현하는 연극으로, '무언극'이라고도 했다.

마임은 배우 한 명이 무대에 오르고, 팬터마임은 배우와 코러스, 악단이 함께 무대에 오른다. 마임 배우는 맨얼굴로 공연하지만, 팬터마임 배우는 가면을 써서 표정을 볼 수 없었다.

1736년 그린 가면을 쓴 로마 시대 팬터마임 배우들

마임과 팬터마임은 극장이 아니라도 사람이 모일 수 있는 장소라면 어디서나 공연했다. 팬터마임 배우는 '판토미미'라 했는데, 화려하고 창의적인 춤을 선보이며 대단한 인기를 얻었다. 황제가 특히 좋아하는 무용가는 궁전에서 공연하기도 했다. 이들은 배우이자 고도로 훈련받은 무용가였다.

멸망한 로마 제국

393년 로마 제국은 로마를 수도로 하는 서로마 제국과 콘스탄티노플을 수도로 하는 동로마 제국(비잔티움 제국)으로 나뉘었다. 서로마 제국은 476년 내부의 반란과 외적의 침입으로 결국 멸망했다.

서로마 제국의 멸망 이후 유럽에서 공연 예술은 힘을 잃었다. 로마 제국이 온 국민이 기독교를 믿도록 하는 법을 만든 이후 기독교가 유럽 사회를 지배했는데, 기독교는 예술 관련 직업을 부도덕하게 여겼기 때문이다. 극장은 파괴되었고, 노래 부르고 춤추는 일도 금지되었다.

이탈리아 산 비탈레 성당의 테오도라 모자이크

동로마 제국은 로마 전통을 그대로 이어받았다. 무용가는 극장에서 활약했고, 판토미미 '테오도라'는 유스티니아누스 황제의 황후가 되기도 했다.

고대 중국 무용과 무용가

예악을 마련한 주나라

중국 역사에서 실제로 존재한 첫 번째 나라는 '상商'이다. 상나라를 세운 탕임금은 '대호'라는 악무를 만들었다. 상나라 마지막 왕 주임금은 폭군으로 악명을 떨쳤는데, 사치와 향락을 즐겼다. 상스럽고 추악한 악무를 즐겼다고도 한다.

무왕은 상나라를 멸하고 새롭게 주나라를 열었다. 주나라는 '예악禮樂'으로 나라를 다스렸다. 예악은 사회적 지위와 질서인 '예절'과 음악과 춤인 '악무'를 합친 말이다. 제사를 지내거나 행사를 치를 때면 악무가 따랐기에 예절과 악무는 떨어트릴 수 없었다. 예악은 세상을 살아가는 원칙과 질서, 화합을 뜻했다.

주나라는 이전부터 전해오는 운문, 대장, 대소, 대하, 대호에 '대무'

라는 악무를 만들어 더해 '육대무'로 삼았다. 육대무는 문무와 무무로 나눈다. 덕으로 세상을 바로잡은 왕들이 만든 악무를 문무(운문, 대장, 대소, 대하), 힘으로 폭군을 몰아내고 나라를 세운 왕들이 만든 악무는 무무(대호, 대무)라 했다. 문무에서는 악기와 깃털로 만든 도구를 들고 춤을 추었고, 무무에서는 방패와 도끼 등을 들고 춤을 추었다. '육소무'*라는 악무도 있었다. 하늘과 신에 제사지내고 비를 내려달라고 빌 때 등 특별한 의식에서 육소무를 췄다.

---

* 불무(帗舞), 인무(人舞), 황무(皇舞), 우무(羽舞), 모무(旄舞), 간무(干舞) 여섯 가지다.

악무 교육과 공연

통치자가 되려면 악무를 반드시 익혀야 했다. 주나라는 '대사악'이라는 관청을 만들었다. 13~20세 사이 젊은이들이 대사악에서 악무를 배웠다. 이들은 육소무, 음악, 시 낭송을 배워 20세에는 육대무와 각종 제사 의식에 능통했다. 종교 의식, 새해맞이 잔치, 추수를 마친 다음 하늘에 바치는 감사제, 비가 오기를 기원하는 기우제, 악귀를 몰아내는 행사 등에서 귀족 자제들이 춤을 췄다.

주나라 왕실은 매년 세 차례 악귀를 쫓는 '나례회'를 열었다. 곰 가죽을 둘러쓰고, 눈이 넷 달린 가면을 쓰고, 검정 저고리에 붉은 바지를 입은 '방상시'가 앞장섰다. 한 손에는 창을, 한 손에는 방패를 들었다. 그 뒤를 12가지 동물로 분장한 사람이 따랐다. 이들은 궁궐 곳곳을 누비며 악귀를 몰아냈다.

민간에서도 명절이나 기우제 등에서 무용수가 춤을 췄다. 남녀 노예가 무용수 역할을 했는데, 이들은 다른 하층민에 비해 잘 먹고 잘 입었다. 때로는 죄인 가족이 악무 노예로 동원되기도 했다.

새로운 악무

여러 나라가 다투는 춘추 전국 시대에 주나라는 쇠약해지고 궁중 음악은 힘을 잃었다. 민간에서 새로운 음악과 춤이 등장했는데 이를 '신악'이라 했다. 신악은 정나라와 위나라 음악, '정위지악'이라고도 했다. 공자는 신악을 싫어했다. 그는 『논어』에서 "주나라 정통 음악인 아악을 어지럽히는 정나라 음악을 증오한다."라고도 했다.

혼란스러운 사회를 배경으로 새로운 학문과 사상이 많이 생겨났는데, 악무를 중시한 학파도 있고, 쓸데없다고 생각한 학파도 있었다. 유학은 악무가 사상과 감정을 표현하고 교육과 정치를 하는 데 꼭 필요하다고 여겼다. 그에 비해 묵가는 악무가 지배층을 사치와 향락에 빠지게 한다고 비난했다. 도가도 "오색은 눈을 멀게 하고 오음은 귀를 멀게 한다."라고 주장하며 악무를 부정했다. 법가 역시 악무를 백성의 피를 빨아먹기만 하는 쓸데없는 짓으로 여겼다.

한나라의 무용가

한나라 때부터 '백희'라는 공연 예술이 유행했다. 일종의 버라이어티 쇼였다. 노래와 춤, 연극, 악기 연주, 곡예, 마술 등 각종 공연 예술을 대표했다.

한나라는 무용과 관련 있는 자료를 많이 남겼다. 한나라 시대 도자기에서는 다양한 무용 그림이 발견되었고, 춤추는 모습을 본뜬 인형도 발견되었

한나라 시대에 만든 춤을 추는 모습의 도자기 (메트로폴리탄 미술관)

다. 직업 무용가도 있었다. 직업 무용가가 되려면 어려서부터 고된 연습을 거쳐야 했다. 다만 무용가는 천한 신분이라 역사책에 이름을 남기지는 못했다. 황제나 귀족이 총애한 무용가 이름 몇몇만 남아 있다.

미천한 신분 출신이었던 '조비연'은 뛰어난 춤 솜씨를 자랑했다. 조비연은 어려서부터 먹고 자는 일을 거르고 춤을 연습할 정도였다고 한다. 공주의 시녀로 궁에 들어갔다가 한나라 황제 성제 눈에 들어 후궁이 되었고, 나중에는 황후 자리에까지 올랐다. 춤출 때 몸이 제비처럼 날래서 이름도 한자로 날 비飛자와 제비 연燕자를 써서 비연이었다. 황제의 손바닥 위에서 춤을 췄다는 이야기도 전해 내려온다.

'왕옹수'도 춤으로 이름을 날린 여인이다. 그녀는 8~9세 무렵부터 춤과 노래를 배웠는데, 집안 형편이 어려워 부잣집에 팔려 갔다. 이후 왕족의 시녀가 되었다가 첩이 되었다고 한다. 왕옹수의 아들이 훗날 한나라 황제 '선제'가 되었다.

수나라와 당나라 시대 무용가

한나라 이후 여럿으로 나뉘었던 중국을 581년 수나라가 통일했다. 수나라는 여러 민족과 지역 무악을 수집해 정리했다. 외국 사신을 맞이하면 곡예, 마술, 춤, 음악, 연극을 공연했다.

당나라는 수나라 무악을 이어받았다. 당나라는 무악을 좌부기와 입부기로 나누었다. 좌부기는 실내 공연이라 무용의 규모가 작았다.

'건무'는 춤동작이 민첩하고 강하였는데, 칼춤인 '검기무'가 유명했다. 검기무를 추는 무용수는 화려한 군복을 입고 아름다움과 용맹함을 뽐냈다. '연무'는 부드럽고 섬세한 춤이었다. 여성 무용수가 혼자 추는 '녹요무'가 연무 중에서도 인기가 있었다. 난초가 바람에 흔들리듯 부드럽고 유연한 춤이었다고 한다. 당나라 궁정 교방에서도 녹요무를 가르쳤다. 궁정에서 열리는 큰 행사에서는 궁녀 수백 명으로 구성된 무용단이 공연을 하고는 했다.

입부기는 야외 공연으로 규모가 컸다. 겉보기에 화려하고 장대했다. '파진악'이 유명했는데, 당나라 태종 이세민이 국가를 통일한 무공을 찬양하는 악무였다. 120여 명의 무용수가 등장했으며 무용수들은 은으로 장식한 갑옷을 입고 손에는 창을 들었다. 대열 앞에는 전차도 배치했다. 무용수는 군대처럼 진형을 바꿔가며 전투가 벌어지는 것 같은 웅장한 분위기를 연출했다.

삼국과 통일 신라 무용

다양한 악무를 받아들인 고구려

옛날부터 우리 민족은 여러 제천 행사에서 집단으로 춤추고 노래했다. 고구려는 중국과 서역에서 다양한 악무를 받아들였다. 고구려의 무용은 벽화에서 찾아볼 수 있다. 고구려 옛 무덤인 '무용총'의 벽에는 고구려 사람들이 사냥하는 모습과 춤추는 모습이 그림으로 남아 있다.

춤과 노래로 손님을 대접하는 장면이 그려진 무용총 벽화 「가무배송도」에서도 춤추는 모습을 볼 수 있다. 무용수는 긴 옷깃을 늘어트린 윗도리를 입었고, 남자는 폼이 넓은 바지, 여자는 주름치마 차림이다. 제일 앞에 선 무용수는 깃털을 꽂은 모자를 썼는데, 노래하며 무용단을 이끄는 사람이다.

고구려 춤은 느린 음악에 맞춰 긴 소매를 휘날리는 활달한 춤이었을 것이라 추정한다. 기록에 남아 있는 고구려 춤으로는 '호선무'가 있다. 둥근 공이나 작은 융단 위에서 춘 춤이라고 한다. 곡예와 흡사하게

고구려 옛 무덤 벽에서 찾은 그림 '가무배송도'. 손님을 맞이하는 모습인지 떠나보내는 모습인지 정확히 알 수 없다.

묘기에 가까운 동작으로 구성된 춤이었으리라 짐작한다.

일본에 악무를 전한 백제

554년 백제 관리 삼근, 계덕, 기마차, 진도 등이 일본으로 갔다는 기록이 있다. 이들은 일본에 악기 연주와 춤을 전했다. 일본의 기록을 보면 백제 무용수는 소매가 넓은 자줏빛 두루마기와 치마저고리를 입고, 모자를 쓰고 가죽신을 신었다. 백제 사람들은 타악기 소리에 발맞춰 함께 춤추는 '탁무'를 즐겨 췄다. 풍년을 기원하는 의식으로, 훗날 농악으로 발전한 것으로 보고 있다.

백제는 중국 남쪽 지역과도 교류했는데, 중국에서 음악과 무용, 놀이, 우스갯소리를 합친 '기악'이 들어왔다. 무용수는 가면을 쓰고 춤을 췄다. 612년 '미마지'는 중국 오나라로부터 기악을 배워서 일본에 전했다. 기악은 일본에서 불교 무용으로 발전했다.

곡예에 가까운 춤을 춘 신라의 무용가

신라는 고구려와 백제보다 외국 문물을 늦게 접했다. 대신 향토 음악인 '향악'이 발전했다.

신라인들은 다섯 가지 유희를 즐겼는데, 곡예와 춤을 합친 형태로 '오기'라 했다. 여기에는 공을 던졌다 받는 놀이인 '금환', 가면을 쓰고 춤을 추는 탈춤 '월전', 큰 탈을 쓰고 느릿느릿 춤추는 '대면', 4~5명이 남색 가면을 쓰고 함께 추는 '속독', 사자탈을 쓰고 춤추는 '산예'가 있었다.

칼을 들고 춤추는 검무도 있었다. '검기무' 또는 '황창랑무'라고도 했다. 조선 시대 말까지는 궁중에서도 칼춤을 공연했다. 지방마다

백제 왕을 암살한 황창

신라 출신 '황창'은 어려서부터 춤을 잘 췄다. 그는 백제 저잣거리에서 칼춤을 추며 큰 인기를 끌었다. 백제의 왕이 그 소문을 듣고 황창을 왕궁으로 불렀다. 왕 앞에서 춤을 추던 황창은 들고 있던 칼로 백제의 왕을 죽여버렸다. 황창은 그 자리에서 잡혀 처형당했다.

신라인들은 황창의 죽음을 슬퍼하며 그를 기리기 위해 가면을 쓰고 칼춤을 췄다. 어떤 사람은 황창이 화랑 '관창'＊이라고 해석하기도 한다.

＊ 황산벌 전투에서 백제와 용감히 싸우고 전사한 신라의 화랑.

특색을 띤 칼춤이 발전했는데, 「도솔가」라는 노래에 맞춰 추는 춤과 한가위 날 부르는 「회소곡」에 맞춰 춘 춤도 신라 고유 무용으로 전해진다.

통일 신라 시대 무용

통일 신라 시대를 대표하는 무용으로는 탈을 쓰고 추는 '처용무'가 있다. 신라 헌강왕 때 처용이 만들었다고 전해진다. 처용무는 세월이 흘러서도 계속 이어졌다. 조선 시대에는 궁중에서 섣달그믐날 나쁜 귀신을 쫓아내는 나례 행사에서 처용무를 췄다. 1928년에 새롭게 단장하여 지금까지도 전해온다. 2009년 유네스코는 처용무를 '유네스

서울 창덕궁 민정전 앞에서 행한 처용무를 찍은 흑백사진 (국립민속박물관)

조선 시대 그림 '연례도' 가운데 선유락을 추고 있
다. (국립중앙박물관)

코 인류 구전 및 무형유산 걸작'으로
선정했다.

'선유락'이라는 춤도 있었는데, 밧
줄을 잡고 배를 끄는 듯한 춤이다. 여
자 무용수들이 곱게 단장한 배를 두
겹으로 둥글게 둘러싸고 춤을 춘다.

신라 고승 원효대사가 만든 '무애
무'라는 춤도 있다. 무애는 '막히거나
거칠 것이 없다'는 뜻이다. 불교를 널
리 알리기 위해 무애무를 활용했다.
원효대사는 백성들과 어울려 호리병
박을 두들기며 저잣거리에서 춤을 췄
다고 한다.

중세 이후
무용과 무용가

중세 시대에 서양에서는 기독교 축일이나 마을에 축제가 열렸을 때 춤을 추며 축하했다. 왕족과 귀족들은 우아하게 춤추는 법을 배웠고, 왕궁에서는 사교 활동을 위한 무도회가 열렸다. 르네상스 시기 무용은 오락이 아닌 예술로 자리 잡았다. 한국과 중국에서는 종교 행사나 궁중 행사에서 전문 무용가들이 춤을 췄고, 다양한 민간 무용도 발전하였다.

서양 중세 무용과 무용가

기독교와 무용

중세 유럽 사회 전반은 기독교가 지배했다. 기독교는 예술 공연과 거리를 뒀다. 9세기 초, 중부 유럽을 다스린 신성로마제국의 카롤루스 대제는 모든 춤을 금지했다.

물론 그렇다고 춤이 사라지지는 않았다. 유럽 북쪽에 살던 게르만족은 봄이 오고 낮이 길어지면 축제를 벌였다. 이 축제에 참석한 이들은 춤을 즐겼다. 게르만족은 기독교를 받아들인 다음에도 기독교 축제일에 전통춤을 췄다.

서부 유럽에서는 작은 유랑극단이 마을을 떠돌며 시장, 광장, 거리에서 공연했다. 극단 사람들은 노래를 부르고, 춤을 추고, 연기도 했다. 이들은 가수이며 무용가이자 배우였다.

르네상스 시기 무용 교사

14세기 무렵 유럽은 경제적으로 성장해 외국과 활발히 교역했다. 사람들은 삶에 여유가 생기면서 딱딱한 교회 규칙보다 자유로운 사상과 즐거움을 원했다. 이탈리아를 중심으로 그리스·로마 시대 고전 학문과 예술을 연구하고 가르치는 인문학이 발전했다. 이 시기를 '르네상스 renaissance'라 한다. 모든 예술이 되살아나고 각종 축제와 행사가 늘어났다.

이때 사교춤 social dance이 발전했는데, 친목과 오락을 위해 사람들이 직접 참여하는 춤이다. 귀족들은 악단 연주에 따라 세련된 춤을 추었다. 농민들은 둥글게 원을 만들거나 길게 늘어서 서로 손을 맞잡고 춤을 추었다.

사교춤이 유행하고 춤을 배우려는 사람이 많아지자 무용 교사가 늘었다. 무용가들은 귀족들에게 춤을 출 때의 발놀림, 자세, 예절을 가르쳤다. 사교 행사를 계획하고 감독하는 역할을 하는 무용가는 사회적 지위가 높아지고 명성도 얻었다. 귀족에게 춤을 가르치던 교사 중에는 높은 학식과 교양을 갖춘 이도 있었다.

귀족 출신 무용가로 큰 명성을 얻은 사람도 생겼다. '도메니코 다 피아첸차(1390~1470)'는 『무용과 합창 연출(1416)』이라는 책을 펴냈다. 유럽에서 나온 첫 번째 무용 안내서이다. '안토니오 코르나자노(1430~1484)'는 귀족 출신으로 피아첸차에게 춤을 배웠다. 그는 밀라

중세 말 '죽음의 무도'라는 그림이 유행했다. 시체, 해골 등이 살아 있는 사람 주위에서 춤을 추는 그림이다. 14세기 중반 유럽은 늘 죽음이 가까웠던 시대였다. 전염병 페스트가 크게 번졌고 열국과 프랑스가 백년 동안 전쟁을 벌여 수많은 사람

이 죽었다. 죽음은 예술의 중요한 주제가 되었다. 예술가들은 사람들에게 아무리 지위가 높고 즐거운 삶을 살고 있더라도 죽음이 바로 옆에 있다고 일깨웠다. 이 시기의 그림과 연극, 음악, 춤에는 죽음이 등장했다.

미카엘 볼게무트가 그린 '죽음의 무도', 1493년

노 스포르차 가문의 장관, 왕자의 선생님, 궁정 시인, 춤의 대가로서 큰 존경을 받았다. 그는『춤 예술에 관한 책(1460)』을 출간했다.

발전하는 궁정 무용

전유럽 궁정에서 열리는 연회에서 무용은 중요한 오락이었다. 이탈리아에서 춤은 점점 정교한 형식을 갖춘 예술로 발전했다. 15세기 후반 이탈리아 궁정에서 선보이는 무용은 점점 화려해지고 볼거리가

풍부해졌다. 춤출 때 입는 옷도 정교해졌다. 수천 명의 무용수가 함께 춤을 췄다. 이들 대부분은 직업 무용가로부터 가르침을 받은 아마추어였다.

직업 무용가들이 선보이는 공연도 늘어났다. 광장과 시장에서는 각종 무대가 열렸다. 르네상스 이후 경제적으로 안정된 계층이 주된 관객이었다. 극장에서도 무용 공연이 자리 잡기 시작했다. 연극과 오페라의 막과 막 사이에는 무용가가 등장하여 춤으로 꾸민 이야기를 선보였다. 정식 무대에서 추는 춤은 이탈리아어로 '발레티balletti'라 불렀다. 영국에서는 가면을 쓰고 춤추는 연극이 유행했다. 프랑스 귀족들도 춤을 좋아했으며 프랑스에서도 직업 무용가가 극장 무대에서 춤을 추는 무용 공연이 본격적으로 자리 잡기 시작했다.

1890년 시카고 오디토리움 빌딩 프로시니엄 무대

무대와 극장

16세기 후반 이탈리아에서 '프로시니엄 무대'를 개발했다. '액자형 무대'라고도 한다. 관객들은 무대의 정면만 볼 수 있고, 마치 액자 속 사진을 보는 것처럼 가상 틀을 통해 공연을 감상한다. 오늘날에도 가장 흔한 무대 형태다.

이탈리아, 프랑스, 영국, 스페인 등 유럽 각지에 상설 극장이 등장했다. 무용가들이 본격적으로 극장 무대에 올라 활약하기 시작했다.

새로운 무용 형식, 발레

프랑스에서 발레가 시작되다

이탈리아 출신 귀족 '카트린 드 메디시스(1519~1589)'는 프랑스 왕 앙리 2세와 결혼해 프랑스 왕비가 되었다. 그녀는 이탈리아 예술가들을 프랑스로 불러들여 지원했는데, 그중에 '발타자르 디 벨지오이오소(?~1587)'가 있었다.

1581년 왕비는 여동생의 결혼식을 축하하는 '발레 코믹 드 라 라인'*이라는 공연을 개최했다. 공연을 개최하는 데 당시 돈으로 360만 리브르**가 들었고, 무려 1만여 명이 이 발레 공연을 관람했다. 발

---

* Ballet comique de la Rein. 여왕을 위한 코믹 발레라는 뜻.
** 리브르는 중세 프랑스 화폐 단위다. 17세기 중반 숙련된 노동자의 1년 수입이 70~100리브르 정도였다.

'발레 코믹 드 라 라인' 공연 그림

타자르가 음악과 무용을 맡았고, 그가 직접 가르친 아마추어 무용가들이 화려한 발레 공연을 펼쳤다.

이탈리아를 중심으로 시작된 정교한 궁중 무용은 이렇게 프랑스에서 발레로 꽃을 피웠다. 많은 이탈리아 출신 무용가들이 프랑스에서 활동했다. 프랑스 발레는 우아함과 세련미를 강조하는 독특한 스타일로 발전했다. 의상과 무대 장치도 더욱 화려해졌다.

춤에 능통한 대가 dance master 들은 새로운 춤 동작을 만들어 무용수들에게 가르쳤다. 이들을 '안무가 Choreography'라 불렀다.

발레 중심지가 된 프랑스

17세기~18세기 프랑스는 유럽 최강국으로 위세를 떨쳤고, 프랑스의 수도 파리는 당시 가장 세련되고 번화한 도시였다. 발레를 즐기는 프랑스 귀족들은 이탈리아 무용가와 안무가를 고용해 발레를 공연하고 발전시켰다. 많은 예술가가 프랑스에 몰려들었고, 프랑스는 전 세계 발레 중심지가 되었다.

프랑스 왕 루이 14세(1638~1715)는 발레 애호가로 유명했다. 그는

7살 때 '피에르 보샹(1631~1705)'이라는 무용가에게 발레 개인 지도를 받았다. 보샹은 발을 놓는 다섯 가지 기본자세를 확립했다. 궁정 음악가로는 '장바티스트 륄리(1632~1687)'가 있었는데 그는 왕을 위해 많은 발레 음악을 작곡했으며, 기획자이자 연출가로 수많은 발레 공연을 감독했다.

루이 14세는 1661년 세계 최초로 발레 학교인 '왕립 무용 아카데미'를 세우고, 1669년에는 '왕립 음악원'을 만들었다. 이 학교는 훗날 '파리 국립 오페라'*가 되었다. 이런 왕의 후원을 바탕으로 프랑스 발레는 더욱 정교하고 화려해졌으며, 춤 동작도 정확해졌다.

초기 프랑스 발레 무대에는 여성 역할도 남성 무용수가 대신했다. 프랑스 발레 무대에 여성이 처음 오른 것은 1681년이다. 여성 무용수 '발레리나'의 역할은 18세기가 되면서 점점 중요해졌다. 우아하고 아름다운 발레리나가 주인공인 공연이 많아졌고, 안무가와 무용가는 더욱 섬세한 발레 동작으로 풍부한 감정을 표현하려 했다.

발레는 유럽 전역으로 퍼져나갔다. 무용복도 변화를 맞이하여 높은 굽의 구두와 가면은 더 이상 착용하지 않았다. 발레 의상은 가벼워졌고, 몸에 꼭 달라붙어 무용수가 동작을 취하기 편해졌다.

---

* 파리 국립 오페라 아래에는 발레 극단과 오페라 극단이 있다.

태양왕 루이 14세

태양신으로 분장한 루이 14세

루이 14세의 별명은 '태양왕'이다. 태양처럼 고귀한 왕권을 상징하는 이름이다. 루이 14세는 이 별명을 발레 공연에서 얻었다. 장바티스트 륄리는 1653년, 루이 14세를 위해 「밤의 발레」를 작곡했다. 14살 소년이었던 왕은 이 발레 공연에 직접 출연했다. 그가 맡은 역할은 태양신 '아폴로'였다. 그는 태양을 표현하기 위해 온통 금색으로 칠해진 옷을 입고, 태양신에게 경의를 표하는 군주들과 함께 춤을 췄다. 이는 곧 왕이 가진 권위와 힘을 표현하는 것이기도 했다.

발레단 운영의 변화

장 바티스트 륄리는 왕립 무용 아카데미와 음악 아카데미의 교장으로 발레단과 악단을 운영했다. 나라의 지원을 받았고, 발레 공연으로 번 돈은 극단 소속 무용가들과 음악가들이 나눠 가졌다. 그런데 1789년에 프랑스 혁명으로 왕가가 몰락했다. 왕실에서 지원하던 자금도 끊어졌다.

나폴레옹이 권력을 장악한 다음 정부가 다시 지원을 시작했다. 발레단의 운영 방식도 달라졌다. 운영자는 무용가를 고용해 정해진 급료를 지급했다. 극단의 수입과 관계없이 무용가는 일정한 돈을 벌었다. 이때부터 오늘날까지 대부분 직업 무용가는 무용단의 일원으로 일한다.

낭만주의 발레

19세기 유럽은 예술과 문화가 크게 발전했다. 이전보다 표현이 풍부하고 감성적이며 상상력이 뛰어난 발레 작품이 등장했다. 공연의 뼈대를 이루는 이야기도 정교해졌다. 신화와 전설, 동화 등을 바탕으로 다양한 발레 작품이 만들어졌다. 1841년 파리에서 처음 공연한 〈지젤〉은 낭만주의 발레를 대표하는 작품이다. 사랑을 이루지 못하고 죽어서 유령이 된 어린 시골 소녀에 관한 이야기다.

튀튀를 입은 여성 무용수. 신발 끝에 딱딱한 재질을 댄 발끝으로 서기 좋게 한 포인트 슈즈(토슈즈)를 신고 앙 포인트로 서 있다.
ⓒFanny Schertzer

여성 발레리나가 주목받기 시작하면서 남성 무용수는 주로 조연 역할을 했는데, 이 시기에는 남성 무용수가 다시 주요 인물로 등장하기 시작했다. 여성 무용수들은 짧은 치마 '튀튀'를 입었는데, 대표적인 발레 의상으로 자리 잡았다. 무용수들은 이 옷을 입고 훨씬 편하고 자유롭게 춤을 췄다.

발레 음악도 중요한 역할을 했다. 표트르 차이콥스키(1840~1893), 아돌프 아당(1803~1856) 같은 뛰어난 음악가들이 발레 음악을 작곡했다.

이탈리아 여성 무용수 '마리 탈리오니(1804~1884)'는 19세기를 대표하는 발레리나였다. 아버지 '필리포 탈리오니(1777~1871)'도 안무가로 유명했다. 마리 탈리오니는 1832년 아버지가 안무를 만든 〈라 실피드〉라는 작품에 주연으로 출연하며 전 유럽에 이름을 날렸다. 그녀는 이 공연에서 '포인트 슈즈'라는 발레 신발을 신고 발끝으로 서서 체중을 지탱하는 '앙 포인트'라는 기술을 선보였다.

고전 발레와 러시아 발레

러시아는 18세기에 프랑스로부터 발레를 들여왔다. 1735년에는 프랑스 발레 교사 '랑데(1697~1748)'를 수도 상트페테르부르크로 불러 '제국 발레단'을 창설했다. 1776년에는 모스크바에서 '볼쇼이 발레단'이 만들어졌고 1783년에는 상트페테르부르크에서 '마린스키 발레단'이 문을 열었다. 이 두 발레단은 오늘날에도 전 세계적으로 유명하다.

프랑스 무용가 '마리우스 페티파(1818~1910)'는 러시아에서 활동했다. 그는 낭만주의 발레에 엄격한 러시아 발레 기술을 합쳤다. 그가 만든 발레 스타일을 '고전 발레'라 한다. 고전 발레 공연에서는 여성 무용수가 중심이었다. 여성 무용수는 우아하면서도 정확한 동작을 취했다. 페티파는 발레 동작을 엄밀하게 정했고, 무용수는 규칙을 정확히 지켜야 했다. 항상 등을 곧게 펴고, 발끝을 똑바로 내밀고, 몸 움직임을 정확하게 통제해야 했다. 이런 기술을 익히기 위해 무용수들은 어려서부터 고된 연습을 거듭했다. 페티파는 많은 젊은 무용수를 길러냈다.

마리우스 페티파

페티파는 1858년부터 1905년까지 수십 종류의 발레 작품을 만들었다. 그중에는 〈백조의 호수〉, 〈호두까기 인형〉, 〈잠자는 숲속의 미녀〉 등 지금까지도 사랑받는 작품이 많다. 이렇게 19세기 초반부터 20세기 초반까지 러시아 발레는 황금기를 누렸고, 세계 발레는 러시아를 중심으로 움직였다.

페티파가 안무를 만든 발레 〈라 카르마고〉의 1901년 마린스키 극장 공연

변화하는 사교춤

귀족들의 사교춤 미뉴에트

17세기 유럽에서는 '미뉴에트'라는 춤이 유행했다. 당시 귀족들은 미뉴에트를 가장 아름답고 조화로운 춤이라고 여겼다. 미뉴에트를 제대로 추기 위해서는 오랫동안 연습해야만 했다. 큰 연회장에서 남성과 여성이 서로 짝을 이뤄 마주 보고, 좌우 앞뒤로 움직이고 빙글빙글 돌았다. 나란히 섰다가 지나치기도 하고, 작은 발걸음으로 미끄러지듯 움직이다가 처음 시작했던 그 자리로 돌아와 춤을 마쳤다. 모차르트 같은 위대한 작곡가들이 미뉴에트 춤곡을 작곡했다. 미뉴에트는 프랑스 혁명 이전까지 유럽 각국 귀족 사회에서 유행했다.

영국 컨트리 댄스

영국에서는 남녀 여러 쌍이 함께 '컨트리 댄스'를 췄다. 컨트리 댄스는 흥겹고 활기찬 춤이다. 영국인들은 춤을 놀이나 스포츠처럼 즐겼다. 농민들뿐 아니라 귀족들도 컨

1651년 출간한 『더 잉글리시 댄싱 마스터』 표지

트리 댄스를 즐겼다. 16세기 영국을 다스린 엘리자베스 1세 여왕도 컨트리 댄스를 잘 췄다고 한다.

런던 곳곳에는 무용학교가 번성했다. '존 플레이포드(1623~1686)'는 『더 잉글리시 댄싱 마스터(1651)』라는 춤 안내서를 펴냈다. 영국 전통춤과 무용 음악을 모은 책이다. 쉽게 써서 누구나 이 책을 읽고 춤을 배울 수 있었다.

18세기 초에는 영국 컨트리 댄스가 프랑스, 스페인, 독일, 폴란드 등 유럽 여러 나라로 퍼졌다. 느리고 형식을 중요시했던 궁중 무용을 지겨워했던 사람들에게 컨트리 댄스는 큰 인기를 얻었다.

미국의 춤

17세기 영국인들이 북아메리카에 정착하기 시작했다. 이들은 북아

메리카 동부 해안을 따라 마을을 세우고 식민지를 건설했다. 식민지 거주자들은 출신 지역과 계층에 따라 춤을 대하는 태도가 달랐다. 남부 지역에는 귀족 출신이 많았는데 이들은 춤을 좋아했다. 북부에는 순결과 금욕을 중시하는 청교도 출신 이민자들이 많았는데 이들은 춤을 단속했다. 같은 춤이어도 지역에 따라 허용하거나 금지하는 식이었다. 그래도 춤을 즐기는 사람은 많았다. 주로 영국이나 유럽 출신 무용 교사가 춤을 가르쳤다. 농장에 사는 사람들은 함께 모여 파티를 즐기고 사교춤을 췄다.

북아메리카 사람들은 아프리카 원주민을 데려다 노예로 삼았다. 아프리카 출신 노예들은 북과 바이올린 연주에 맞춰 자기들 춤을 추었다. 이들이 개발한 독특한 춤은 미국 무용 발전에 큰 영향을 미쳤다.

왈츠의 시대

1789년 절대 왕정이 지배하던 프랑스에서 혁명이 일어났다. 상공업으로 돈을 번 자본가 계급(부르주아)이 변혁을 주도했다. 왕족과 귀족은 힘을 잃었고, 인권과 평등이 중요한 가치로 떠올랐다.

궁정과 귀족을 중심으로 유행하던 미뉴에트는 자연스럽게 쇠퇴했다. 혁명기 젊은이들은 활기차고 역동적인 춤을 원했다. 복잡한 규칙과 꾸밈없이 감정을 표현하고 싶어 했다. 이들에게는 '왈츠'가 딱 맞았다.

왈츠에는 '빙글빙글 돈다'라는 뜻이 있다. 자유, 개성, 열정 등을 표현하는 왈츠는 독일과 오스트리아에서 처음 유행했고, 귀족보다는 평범한 사람들이 좋

『왈츠의 올바른 방법』(1816)에 실린 삽화. 가장 왼쪽에는 음악가들이 있고 왈츠의 9가지 자세를 보여준다.

아했다. 남성과 여성이 껴안고 원을 그리며 추는 춤으로, 예의를 중시하는 사회에 큰 충격을 주기도 했다. 독일 출신 위대한 문학가 괴테는 왈츠를 찬양했다.

"내가 그렇게 가볍게 움직인 적이 없었다. 나는 더 이상 인간이 아니었다. 가장 사랑스러운 생물을 품에 안고 바람처럼 그녀와 함께 날아다니다 보면 우리 주변의 모든 것이 사라져 버린다."
―「젊은 베르테르의 슬픔」 중에서

왈츠는 전 유럽으로 퍼졌다. 아버지 '요한 슈트라우스 1세'와 아들 '요한 슈트라우스 2세'*는 모두가 좋아하는 왈츠 음악을 만들었다.

* 아들(1825~1899)이 아버지(1804~1849)보다 더 유명하다. 그를 '왈츠의 왕'이라 부른다.

'쇼팽(1810~1849)'도 아름다운 왈츠 곡을 남겼다. 도덕과 예절을 중시하는 지배자들은 왈츠를 '미친 소용돌이'라고 비난했다. 몇몇 궁정에서는 왈츠를 금지했다. 그래도 왈츠의 유행을 막지는 못했다.

볼룸 댄스

남녀가 짝을 이뤄 추는 춤을 '볼룸 댄스'라고 한다. 미뉴에트와 왈츠도 볼룸 댄스에 포함된다. 19세기 초 볼룸 댄스는 사교 행사에 빠지지 않았다.

무도회에는 초대받은 사람만 참석했다. 엄격한 예절을 지켜야 했고, 남성은 여성에게 춤을 청한 후 허락을 기다렸다. 무도회에서는 여러 종류의 춤을 췄다. 악단은 느린 춤곡과 빠른 춤곡을 번갈아 가며 연주했다. 사람들은 원형으로 서거나 줄을 지어 춤을 췄다. 사람들은 무도회에서 망신당하지 않으려고 열심히 춤을 배웠다. 춤 솜씨가 좋은 사람이 무용 교사처럼 가족들과 친구들에게 춤을 가르쳤고, 때로는 직업 무용가를 고용해 춤을 배웠다.

19세기 후반에는 볼룸 댄스의 규모가 커져 협회도 만들어졌다. 협회에서는 공식 행사를 개최했고, 춤 교본이나 예절 지침서 같은 책도 많이 출간했다.

왕조 시대 중국 무용과 무용가

송나라의 무용 공연

송나라 때 중국 경제가 크게 발전했다. 인구가 늘고 도시가 성장하며 공연 예술도 발전했다. 번화가에는 '와사', '구란'이라는 극장이 생겼다. 많은 사람이 모여 연기, 곡예, 춤, 노래, 묘기 공연을 즐겼다. 전문 무용 공연은 '무선'이라 했다. '선旋'은 '빙글빙글 돈다'라는 뜻이다. 당시 무용에서는 '선'이 가장 중요한 기술이었다.

송나라 궁정 음악 기관인 '교방'에는 '무선색'이라는 부서가 있었다. 무선색 색장이 무용단장 격이었다. 이들은 직업 무용가로 춤을 가르치고 공연을 관리했다.

'무검', '무감력' 등 무술에 뿌리를 둔 무악도 유행했다. 〈무만패〉라는 공연이 유명했는데, 악대가 연주를 시작하면 병사로 분장한 무용수 100여 명이 등장했다. 이들은 나무칼과 방패를 들고 싸우는 동작을 흉내 낸 춤을 췄다.

민간에서는 마을마다 '사화'라는 무용단을 만들었다. 이들은 지역 축제나 행사에서 공연했다. '박호접'이라는 무용이 유행했는데, 종이 나비를 잡는 어린이 놀이를 표현하는 춤이었다.

희곡에서 춤을 추는 무용가

송나라 때 '희곡'이 크게 발전했다. 중국 희곡은 시와 노래, 음악 연주, 무용, 연기, 미술 등이 어우러진 종합 공연 예술로 연극이나 오 페라에 가깝다. 희곡 배우는 무대에 올라 연기하고, 노래 부르고, 춤 을 췄다. 희곡 무대에 오르는 춤은 대사와 가사에 어울리도록 만들 어졌다. 이렇게 무용은 희곡의 일부가 되었고, 춤만 추는 공연은 줄 어들었다.

민간에서는 '앙가'가 유행했다. 농사짓는 사람들은 모내기할 때 박 자에 맞춰 모를 심었는데, 이 동작을 춤으로 표현한 것이다. 앙가 무 용은 박자에 따라 빠르게 또는 느리게 동작을 반복했다. 앙가의 인기 는 도시까지 퍼져, 사람들이 지나다니는 광장이나 거리에서 의상을 갖추어 입은 무용수들이 앙가를 췄다. 희곡 공연 사이 잠깐 쉬는 시간 에 앙가를 공연하기도 했다.

그런데 18세기 청나라는 앙가를 금지했다. 앙가 공연이 왕조에 대한 저항운동으로 퍼질까봐 두려워한 것이다. 단속하는 사람들은 앙가를 부르며 거리를 행진하는 사람을 잡아 매질을 했다.

서양 무용이 들어오다

19세기 중반 청나라는 영국과 두 차례의 '아편 전쟁'을 벌였다. 전쟁 결과 청나라는 영토 일부를 영국에 내주고, 외국과의 교역도 허락하게 되었다. 이를 기점으로 서양 상품과 기술뿐 아니라 종교와 문화, 예술이 중국으로 들어왔다. 상하이에는 서양식 무도장이 지어졌고 사람들은 사교춤을 추기 시작했다.

청나라 말기 무용가 '유영령'은 서양 현대 무용을 중국에 알렸다. 유영령은 1882년 청나라 귀족 집안에서 태어났다. 그녀는 17세 되던 해 외교관인 아버지를 따라 프랑스로 건너갔다. 유영령은 '이사도라 덩컨(1877~1927)'을 스승으로 삼아 무용을 배웠고, 1902년에는 파리에서 〈장미와 나비〉, 〈수선녀〉 등을 공연했다. 〈장미와 나비〉에서 나비 요정 역으로 이름을 날려 '나비춤의 여왕'이라는 별명도 얻었다.

1903년 중국으로 돌아온 유영령은 당시 중국 최고 권력자 서태후*를 모시는 여성 관리가 되었다. 그 후 3년 동안은 궁중 무용가로 활동하며 중국 희곡 예술과 전통무용을 연구했다. 그녀는 서양 현대 무용

* 청나라 황제 '동치제'의 생모이자 '광서제'의 이모로서 청나라 말기 중국을 지배했다.

을 중국 무용에 적용한 작품을 만드는 등 현대 중국 무용 발전 토대
를 만들었다.

고려 시대 무용과 무용가

불교 의식에서 추는 춤

불교 의식인 팔관회와 연등회는 고려에서 가장 큰 행사였다. 성대한 공연 예술이 펼쳐지는 자리이기도 했다.

팔관회는 음력 10월과 11월 서경(평양)과 개경(개성)에서 개최했다. 하늘과 산, 강, 용왕 등 여러 신에게 제사를 올렸다. 신라 시대 나라를 대표하는 네 화랑을 '사선'이라 했는데, 고려 팔관회에서는 매년 사선을 상징하는 무용가 네 명이 춤을 이끌었다.

연등회는 부처님에게 연등을 바치는 불교 의식이다. 팔관회와 달리 전국 각지에서 열렸다. 연등회에서도 가무 공연이 열렸다. 불교 의식에서 추는 춤을 '작법'이라 했는데, 깨달음을 얻기 위한 몸동작이었다.

영산재 식당작법(왼쪽), 영산재 삼귀의작법(오른쪽). 불교에서 영혼천도를 위하여 행하는 종교 의식. (한국학중앙연구원)

영산재는 부처가 인도 영취산에서 불법을 설교하는 모습을 재현하고 영혼을 천도하는 의식이다. 영산재에서는 나비춤, 바라춤, 법고춤 등을 추었다. 나비춤은 말 그대로 나비 모습의 옷을 입고 추는 춤이다. 바라춤은 양손에 금속으로 만든 접시 모양 악기인 바라를 들고 추는 춤인데, 악귀를 물리치고 마음을 깨끗이 한다는 뜻이 있다. 법고춤은 북을 두드리며, 중생이 북소리를 듣고 고통에서 벗어나기를 기원하며 춘 춤이다.

불교 무용은 부처님에게 몸으로 드리는 공양이었다. 관객 없이 무용수 혼자 추기도 했다.

궁중에서 추는 춤

국가 공식 행사에서 추는 춤을 '정재'라 했다. 임금에게 재주를 바친다는 '헌재'에서 비롯된 말이다. 궁중에서 공연하는 정재가 '궁중정재'다.

고려 시대 궁중정재에는 '향악정재'와 '당악정재'가 있었다. 향악정재는 우리 고유 음악인 향악에 맞춰 추는 춤이다. 큰 북을 들고 추는 '무고', 나무 조각을 엮어 만든 박을 치며 그 소리에 맞춰 춤을 추는 '동동' 등이 있었다. 당악정재는 통일 신라 이후 중국에서 들어온 음악인 '당악'에 맞춰 추는 춤이다. 고려 문종 때 교방 여기 '초영'이 처음 선보였으며, '수연장', '연하대', '오양선', '포구락', '헌선도' 등 다섯 종류가 있었다.

왕 또는 왕비의 생일이나 왕자가 태어났을 때, 전쟁에서 승리를 거두었을 때나 외국 사신을 맞을 때 등등 나라에 기쁜 일이 있으면 잔치를 벌였다. 이 잔치에서 궁중정재를 공연했다. 궁궐 뜰에 무대를 설치하고 각종 연극, 곡예, 춤, 노래를 선보였다. 대악사, 관현방, 교방 등 국가 기관에 속한 무용수들이 춤을 췄다. 이들은 어릴 때부터 연습을 거듭해 뛰어난 솜씨를 지닌 무용수였다. 매해 마지막 날 악귀를 쫓는 의식 '나례회'도 중요한 무용 행사였다.

민속 무용, 농악과 농악무

농사는 고려 시대에도 여전히 가장 중요한 경제 활동이었다. 농사일은 고되었다. 농민들은 잠시 쉬는 틈이 있으면 노래하고 춤추며 힘든 노동을 잠시 잊었다. 이런 음악과 노래를 '농악', 춤은 '농악무'라

농악 상모놀이 (한국학중앙연구원)

한다.

농악과 농악무는 지역에 따라 달랐다. 충청도, 경기도는 담백하고 소박했다. 경상도는 힘차고 강력했다. 전라도는 춤 동작도 다양하고 화려했다.

농악무는 호남 지역에서 많이 발달했다. 전라남도 해안과 섬 지역에서 여럿이 모여 함께 노래하고 춤추는 '강강술래'도 대표적인 민속무용이다.

조선 시대 무용과 무용가

예와 악을 중시한 조선

조선은 유교를 기본 원칙으로 삼아 나라를 다스렸다. 유교 사회에서는 '예'를 따라야 했다. 예는 사회 질서를 지키는 기준이었다. 그리고 예를 지키려면 올바른 '악'이 꼭 필요했다. 정도전(1342~1398)은 국가를 다스리는 기본 정책을 담은 『조선경국전』에 다음과 같이 예악 정치의 원칙을 밝혔다.

"죽은 자를 위한 제사에 악을 사용하면 조상이 감격하고, 산 자를 위한 의례에서 악을 연주하면 임금과 신하가 화합한다. 온 나라에 악을 사용하면 교화가 실현되고 풍속이 아름다워진다."

악에는 음악과 무용이 포함되어 있었고, 악무는 즐거움을 위한 놀이가 아니었다. 등장하는 무용수의 수, 연주하는 곡과 춤 등을 자세히

정해두고 엄격한 규칙을 따랐다. 각종 연회와 외국 사신을 맞이하는 등의 행사에서 악무 공연을 벌였다.

고려 때와 마찬가지로 궁중 행사에서 추는 춤 궁중정재가 있었다. 향악정재에는 학 탈을 쓰고 추는 '학무(학춤)', 당나라 춤을 모방한 '향발무', 조선 개국과 선조 덕을 찬양하는 '봉래의', 임금이 궁을 떠났다 돌아올 때 맞이하는 '교방가요' 등이 있었고, 당악정재는 고려 때와 크게 다르지 않았다. 정도전은 조선을 세운 태조 이성계를 칭송하는 '몽금척'이라는 춤을 만들었다.

유교 의식에서 추는 춤

조선의 통치 이념은 유교였기 때문에 유교 의식은 매우 중요한 행사였다. 선왕과 왕비를 모시는 종묘에 바치는 제사인 '종묘제례'와 공자와 제자들, 우리나라 유학자 설총, 최치원 등을 모신 사당 문묘에서 지내는 제사인 '문묘제례'에는 왕이 직접 참석했다.

종묘제례에서는 선왕이 베푼 덕을 노래하는 문곡「보태평지악」11곡과 용맹을 떨친 무공을 칭송하는 무곡「정대업지악」11곡을 연주했다. 보태평지악에 맞춰 보태평지무를 추는 무용수는 왼손에 피리와 비슷한 '약'을, 오른손에 깃털을 단 '적'을 들고 춤을 췄다.「정대업지악」에 맞춰 '정대업지무'를 추는 무용수는 오른손에 나무로 만든 칼이나 창을 들었다.

문묘제례에서도 문무와 무무를 췄다. 문무는 손님을 접대하는 모습을 본떠 세 번 절하고 세 번 사양하는 동작을 취했다. 무무는 사냥하는 모습을 따라 세 번 나아가고 세 번 치는 모습이었다. 문무를 추는 무용수는 악과 적을, 무무를 추는 무용수는 도끼와 방패를 들었다.

현행 종묘제례 중 추는 악무의 하나, 보태평지무. 중요무형문화재 제1호.
(한국민족문화대백과사전)

줄지어 추는 춤, 일무

종묘제례나 문묘제례에서 무용수들은 줄을 맞춰 춤을 추었다. 이를 '일무'라 한다.

무용수의 수는 제사 올리는 사람에 따라 달랐다. 악무는 예를 실현하는 도구이기에 신분에 따라 엄격히 차등을 둔 것이다.

황제가 여는 행사에서는 총 64명의 무용수가 한 줄에 8명씩 모두 8줄로 늘어섰다. 이를 '팔일무'라고 했다. 제후는 한 줄에 8명씩 6줄(48명) 또는 한 줄에 6명씩 6줄(36명)의 무용수를 동원했다. '육일무'라고 했다. 벼슬아치는 4일무, 선비는 2일무를 썼다.

직업 무용수들

여성 음악가와 무용수를 '여악', 또는 '여기'라 했다. 삼국 시대부터 고려 시대까지 내내 궁중 행사에는 여악이 출연했다. 조선 초기에도 궁중 연회의 주인공은 여악이었다. 장악원에는 춤과 노래를 전문으로 하는 여악이 있었다. 이들은 관청 소속 노비인 '기생'이었다. 유학자들은 여악을 못마땅하게 여겼다. 이들은 여성의 공연이 기강을 해치며, 남녀유별이라는 유교 예절과 어울리지 않는다고 생각했다. 여악은 유교적 이상을 표현하는 아악이 아니라 '속악'*이라는 것이다.

1443년 세종 때 왕이 주관하는 연회에서는 여악 대신 10살 정도 되는 남자아이들이 노래하고 춤추게 했다. 이 남자 무용수를 '무동' 또는 '가동'이라 했다. 여악과 대비해 '남악'이라 부르기도 했다. 이러한 무동 제도의 도입에도 여악이 없어지지는 않았다. 유교적 예절에는 어긋나도, 여악이 선보이는 춤과 노래가 뛰어났기 때문이었다. 남악의 수가 부족한 이유도 있었다. 무동은 15세가 넘으면 더 이상 활동할 수 없었고, 매년 어린 소년을 뽑아 가르치기는 쉽지 않았다. 무동의 수가 부족하자 악공 중에서 춤에 능한 사람을 뽑아 정재를 공연하기도 했다.

조정은 임진왜란 이후 흐트러진 기강을 바로잡으려 했다. 인조는

---

* 예에 어긋나는 속된 음악.

장악원 소속 여악을 없앴다. 그래도 여성 무용수는 계속 등장했다. 잔치를 여는 사람들은 지방에서 기생을 불러왔다. 간단한 의술을 익혀 혜민서 등에서 일하던 의녀나 바느질하는 침선비가 여악 역할을 대신하기도 했다.

종합 예술인, 기생

우리나라에는 고려 시대부터 '기생'이 있었다. 용모가 아름답고 재주 많은 천민 여성은 춤과 노래를 배워 여러 관청에 노비로 보내졌다. 조선 시대 서울 기생은 장악원에 속해 악기를 연주하고 춤을 추고 노래했다. 궁중 잔치나 행사가 열리면 공연을 했다. 지방 관청에 속한 기생은 '향기'라고 했다. 향기는 지방 행사에 참여했고, 때로 서울에서 큰 행사가 열리면 불려 갔다.

조선 시대에는 나라가 기생을 관리했다. 장악원에는 '악적', 지방 관청에는 '기적'이라는 기생 명단이 있었다. 기생 집안 여자아이는 기생 명부에 이름을 올리고 직업을 이어받아야 했다. 50살이 넘으면 명부에서 이름을 지울 수 있었다.

기생들은 정기적으로 악무를 연습했다. 조선 초기 기생은 매년 6개월(2, 3, 4, 8, 9, 10월)은 관습도감(훗날 장악원)에 출석할 의무가 있었다. 4일마다 하루씩 출석해 가무를 배웠고, 나머지 시간에는 개인 연습을 하거나 생계를 꾸리는 다른 일을 했다. 기생마다 스승이 정해져 있었는데, 기생이 제대로 배우지 못하면 스승과 기생이 함께 벌을 받았다. 때때로 시험을 치러서 솜씨가 영 못 미치면 쫓아내기도 했다. 지방에는 장악원과 같은 역할을 하는 '교방'을 두었다.

　기생은 천민 신분이었지만 양반이나 관리 등 지배층을 상대했다. 장악원이나 교방 소속 기생은 일정한 급료를 받으며 다른 천민들보다는 편히 생활했다. 명절에는 곡식, 생선, 땔감, 옷감 등을 선물로 받고, 연회가 끝나면 따로 사례비를 받기도 했다. 6개월 의무 출석 기간 외에는 다른 일을 할 수 있었다. 이때는 대부분 양반집이나 부잣집 잔치에서 노래와 춤을 선보이고 돈을 벌었다.

신윤복이 그린 「쌍검대무」. 양반이 연 잔치에서 양손에 칼을 든 두 여성 무용수가 춤을 추고 있다. 그림 아래편에는 악공이 연주하고 있다. 국보 135호.

무당과 굿

삼국 시대 이전부터 하늘에 제사를 지내 복을 빌고, 아픈 사람을 치료하고, 점을 쳐서 미래를 예언하는 사람이 있었다. 이들이 '무당'이다.

고대 사회에서 무당은 큰 권력을 가졌다. 그러나 시간이 흐르며 무당은 점점 사회적인 힘을 잃었다. 조선 유학자들은 무당을 '귀신을 숭상하는 요망한 자'로 보았다. 무당이 백성들에게 잘못된 풍습을 퍼트리고 예를 어기게 한다며 단속했다. 서울에서는 무당을 모두 잡아들였고, 지방에서는 무당에게 세금을 더 거두었다. 그러나 무당을 찾는 사람들이 계속 있어 무당의 수는 줄어들지 않았다.

무당은 한자로 '무격'이라고도 한다. '무'는 여성 무당, '격'은 남성 무당이다. 여성 무당은 무녀, 여무라고도 했고 남성 무당을 남무, 무부, 화랑, 광대, 박수 등으로도 불렀다. 무당은 예술인이기도 했다. '굿'을 할 때는 춤을 추고 노래했다. 굿판이 벌어지면 많은 사람이 몰려들어 공연장과 같았다.

함남홍원 무당 (국립중앙박물관)

무속 의식에서 추는 춤

마을의 복을 빌고, 풍년을 기원하는 굿을 '도당굿'이라고 한다. 동굿, 대공굿, 별신굿, 당산굿 등이 해당한다. 마을 사람들은 봄, 가을에 모여 도당굿을 벌였다. 떠들썩하고 흥겨운 분위기였다.

세상을 뜬 사람의 극락왕생을 비는 굿은 '진오귀굿'이다. 이승과 저승이 소통한다는 의미가 있었고, 주로 서울에서 열렸다. 엄중하고 근엄한 분위기로, 춤 동작도 간단했다.

전라도에는 '씻김굿'이 있었다. 죽은 사람의 원한을 풀어주고 극락으로 인도하는 굿이다. 제자리에서 무릎을 굽혔다 펴는 정도로만 춤을 췄다.

무당이 되는 방법은 지역에 따라 달랐다. 한강 북쪽에서는 무당에게 신이 붙어서 영적인 능력을 주는 신내림을 받아야만 무당이 되었다. 이런 무당을 '강신무'라고 했다. 한강 남쪽에서는 무당도 대대로 물려받는 직업이었다. 이를 '세습무'라 부른다. 세습무는 강신무보다 춤 솜씨가 뛰어났다. 어려서부터 춤을 배워서 기술도 뛰어나고 예술성도 높았다.

효명세자와 새로운 춤

임진왜란과 병자호란 등 조선 시대에는 전쟁이 계속되었다. 18세기에 들어서야 다시 문화와 예술이 살아났다.

1827년, 순조는 아들 효명세자에게 왕을 대신해 국정을 돌보도록 대리청정을 맡겼다. 효명세자는 왕실의 권위를 돋보이게 하려고 큰 연회를 열고, 궁중 의식과 춤을 정비했다. 조선 고유문화를 춤에 담았고, 고구려 시대의 춤인 '고구려무'를 부활시켰다. 신라 화랑 이야기인 '사선무'도 춤으로 되살렸다. 직접 노랫말을 쓰고 새로운 춤을 만들기도 했다.

　'춘앵전'은 어머니인 순원왕후 40세 생일을 맞아 효명세자가 직접 만든 궁중 무용이다. 봄날(춘) 버드나무 가지 사이를 날아다니는 꾀꼬리(앵) 소리를 듣고 느낀 감동을 표현한 춤이다. 꽃 모양을 짜 넣은 돗자리(화문석) 위에서 무용수가 혼자 느리고 우아한 춤을 춘다.

춘앵전 공연 모습 ⓒ코리아넷 해외문화홍보원

효명세자는 22세 나이로 병에 걸려 세상을 떠났다. 대리청정한 기간은 3년여로 길지 않은데, 그 사이 23개나 되는 새로운 정재가 만들어졌다. 그는 조선 궁중 무용의 황금기를 열었다. 효명세자를 프랑스의 루이 14세와 비교하기도 한다.

민속 무용의 발전

조선 후기에는 다양한 춤이 발전했다. '승무'는 장삼을 입고 고깔모자를 쓴 채로 느릿느릿 우아하게 추는 춤이다. 불교적 분위기가 강하다. 시인 조지훈이 쓴 「승무」라는 시로 널리 알려지기도 한 춤이다.

'살풀이'는 나쁜 기운을 풀어내기 위해 추는 춤이다. 원래는 남쪽 지방 무당들이 굿판에서 췄는데, 기생들이 예술적으로 다듬고 기술을 발전시켰다. 흰 저고리와 흰 치마를 입고, 하얀 수건을 손에 쥐고 춤을 춘다.

나라가 평안하고 태평하기를 기원하는 춤은 '태평무'이다. 남녀 무용수가 왕과 왕비 복장을 하고 춤을 춘다. 동작이 까다롭고 복잡하며, 세밀한 발짓으로도 유명하다.

탈을 쓰고 연기와 대사, 노래와 춤

태평무를 추는 여인 우표 (국립민속박물관)

을 선보이는 '탈춤'도 유
행했다. 탈춤은 공연자
와 관객을 구분하지 않
고, 관객도 공연에 참여
한다. 구경꾼들은 탈춤
을 보면서 "얼쑤!", "좋
다!" 등 추임새를 넣는

봉산탈춤, 목중과 사자 (국립중앙박물관)

다. 황해도 지역 장터에
서 공연하던 '봉산탈춤', 서울과 경기 지역 '송파산대놀이' 등이 유명
하다.

개항으로 생긴 변화

강화도 조약(1876년) 이후 서양 문물이 조선에 들어왔다. 1908년에
는 장악원이 폐지되고, '원각사'라는 서양식 극장이 문을 열었다. 원
각사 무대에는 궁중 소속 무용수나 기방 기생들이 올랐다. 이들은 궁
중정재, 승무, 살풀이, 태평무 등을 공연했다.

장악원에서 일하던 악공과 무동, 여악 일부는 민간 단체로 옮겨 무
용 공연을 계속했다. 지배층을 위한 궁중정재와 백성이 즐긴 민속 무
용이 한 무대에 같이 올랐다. 종묘제례와 문묘제례 같은 국가 행사는
인력을 줄여 작은 규모로 진행했다.

현대 무용과 무용가

현대 무용은 여러 대중문화의 영향을 받으며 새로운 형태로 발전

했다. 방송과 영화를 통해 세계적인 스타 무용가가 탄생하기도

했다. 무용은 누구나 즐기는 오락이 되었으며, 실용 무용도 발전

했다.

현대 발레

러시아 발레를 세계에 알린 '발레 뤼스'

19세기 초반부터 20세기 초까지 러시아 발레는 황금기를 누렸다. 발레 역사의 주축을 이루는 수많은 무용가, 안무가, 발레단이 이 시기에 등장했다.

러시아 미술 평론가이자 발레 공연 책임자인 '세르게이 댜길레프 (1872~1929)'는 1909년 '발레 뤼스'라는 발레단을 만들었다. 발레 뤼스는 전 세계를 돌며 러시아 발레를 선보였다. 발레 뤼스는 혁신적인 안무, 정교한 의상과 무대 장치로 이름을 날렸다.

발레 뤼스를 담은 러시아 우표

화가 파블로 피카소나 작곡가 이고르 스트라빈스키 등 유명 예술가도 발레 뤼스의 공연을 만드는 데 참여했다.

'미하일 포킨(1880~1942)'은 발레 뤼스에서 안무를 담당했다. 그는 뛰어난 무용가이자 안무가, 무용 교사였다. 그는 고전 발레가 강요하는 엄격한 법칙을 고쳐서 내면 감정을 표현했다. 〈빈사의 백조〉, 〈셰에라자드〉 등 뛰어난 작품도 여럿 남겼다. 특히 우리나라 「춘향전」을 소재로 해서 〈사랑의 시련〉이라는 작품을 만들기도 했다. '바츨라프 니진스키(1889~1950)', '안나 파블로바(1881~1931)' 같은 뛰어난 무용가가 발레 뤼스와 함께 했다.

발레에 부는 새로운 바람

1917년 러시아 혁명이 일어났다. 블라디미르 레닌이 이끄는 러시아 사회민주노동당 볼셰비키가 러시아 황제를 몰아내고 1922년 '소비에트 사회주의 연방 공화국(소련)'을 세웠다. 혁명과 내전으로 혼란했던 시기에 많은 러시아 무용가가 서유럽과 미국에 자리 잡았다.

그렇게 20세기 발레 중심지는 미국으로 옮겨갔다. 발레 뤼스에서 안무가로 일하던 '조지 발란신(1904~1983)'은 미국 뉴욕에 자리잡고, 후원을 받아 1934년 '아메리카 발레 학교'를 세웠다. 많은 러시아 무용가들이 이 학교에서 교사로 일하면서 미국인 무용가를 양성했다.

미국 출신 여성 무용가 '이사도라 덩컨'은 발레에 새로운 바람을 불러일으켰다. 그녀는 발레 기술 때문에 신체가 자연스럽게 움직이는 모습을 보일 수 없다며, 단순하고 자연스러운 몸짓과 리듬으로 풍부한 감성을 표현했다. 그녀는 간단한 옷차림으로 무대에 올랐고, 토슈즈 없이 맨발로 춤을 췄다. 덩컨은 춤으로 '신성한 인간 정신'을 나타내려 했다. 그녀는 학교를 세우거나 발레단을 만들지 않았지만, 많은 사람이 이사도라 덩컨의

1915~1918년 미국 순회 공연에서 맨발로 춤추는 이사도라 덩컨 ⓒArnold Genthe

주장과 표현 방식을 따랐다. 이런 새로운 움직임을 '모던 댄스'라고 했다.

변화하는 현대 무용

현대 무용에서 빼놓을 수 없는 무용가가 '마사 그레이엄(1894~1991)'이다. 마사 그레이엄은 감정 표현에 중점을 두었다. 고전 발레에서 보여주는 우아한 움직임, 부드러운 동작 대신 날카롭고 각진 동작으로 춤을 추었다. 사람들이 경험하는 고난과 갈등을 표현했다. 1926년에는 '마사 그레이엄 무용단'을 만들어 21세기까지 이름을 날리는 무용

마사 그레이엄(1948)

가들을 배출했다.

'머스 커닝햄(1919~2009)'은 마사 그레이엄 무용단에서 무용가로 활동했다. 그는 유연하고 자연스러운 움직임을 강조했다. 음악과 이야기로 발레를 이끌기보다 '움직임 그 자체'로부터 감정과 의미가 드러나야 한다고 주장했다.

현대 발레는 새로운 무용 형식과 기법, 주제를 찾아 변화했다. 정치적, 사회적 문제로부터 주제를 발굴했으며 연극이나 영화 같은 다른 예술 형식과 통합을 시도하기도 했다.

1970~1980년대에는 '포스트 모더니스트'라 불리는 새로운 세대 안무가들이 등장했다. 조명과 무대 장치가 없는 무대에 평범한 옷차림을 한 무용수가 올랐다. 그리고 일상적인 동작을 춤으로 만들어 췄다.

현대에 등장한 다양한 춤

다양한 서양 현대춤

재즈는 아프리카계 미국인들이 만들어 20세기 초부터 전 세계적으로 유행한 음악이다. 재즈 반주에 맞춰 추는 춤이 '재즈 댄스'다. 재즈 댄스는 1930~1940년대 미국과 유럽의 무용 공연과 사교춤을 근본적으로 바꿔놓았다. 현대 무용에도 큰 영향을 끼쳤다.

19세기 유랑극단의 단원들은 아일랜드 민속춤과 나막신을 신고 추는 영국식 춤, 아프리카 춤 등을 섞어 '탭댄스'를 만들었다. 무용수는 밑창에 금속판이 달린 구두를 신었다. 바닥을 밟으면 '탁!' 소리가 났다. 탭댄스 무용수는 무대와 다리를 타악기처럼 사용했다.

볼룸 댄스에서는 '탱고'가 인기 있었다. 탱고는 유럽에서 라틴 아메리카로 이주한 사람들이 시작한 춤과 음악이다. 라틴 아메리카에

탭댄스 무용가가 신는 신발. 신발 밑창 앞뒤로 금속판을 달아 발을 구를 때마다 소리가 난다.

서는 유럽식 춤과 원주빈이 추던 전통춤이 결합한 독특한 춤이 발전했다. 1945년 이후에는 라틴 아메리카 춤인 룸바, 삼바, 차차차 등이 들어왔다.

1970년대에는 '디스코'가 유행했다. 경쾌한 음악에 맞춰 자유롭게 추는 춤이다. 현대 재즈댄스의 영향을 받아 발차기, 회전, 공중제비 동작도 취했다. 디스코는 우리나라에서도 크게 인기를 끌었다.

영화와 TV, 뮤지컬 무대에서 춤추는 무용가

영상에 소리를 담을 수 있게 되면서 대중 무용가의 공연도 필름에 기록할 수 있게 되었다. 영화는 무용가에게 새로운 무대를 열어주었다. 1930년대 이후 많은 무용가가 영화에 출연해 인기 스타가 되었다. 할리우드 스타 프레드 아스테어, 진저 로저스 등은 탭 댄서 출신이다. 1950년대 이후에는 일반 가정집에도 TV가 보급되었다. 이전까지는 라이브 공연을 보기 위해서는 극장에 가야만 했는데, 집에서도 볼 수 있게 되었다.

무용이 큰 비중을 차지하는 무대 공연, 뮤지컬도 등장했다. 1943년

어린이 댄싱 스타, 셜리 템플

1934년 '셜리 템플(1928~2014)'이 미국 영화계를 강타했다. 당시 나이 6세였다.

셜리 템플은 1934년부터 1940년까지 영화 24편에 출연했다. 탭댄스를 추는 어

린 소녀는 미국인들을 사로잡았다. 대공황으로 어려운 삶을 이어가던 미국인들은 그녀를 보고 위로받았다. 전국 탭댄스 학교에는 등록자가 몰려들었다.

나이가 든 셜리 템플은 인기가 시들해지자 22세에 영화계를 떠났다. 그러나 이후에도 여러 분야에서 활약하고, 정치에도 발을 들였다. 1989년에는 체코슬로바키아 주재 미국 대사로 활약하기도 했다.

10살 때 셜리 템플
(미국 국립 초상화 미술관)

처음으로 공연한 뮤지컬 〈오클라호마!〉에는 직업 발레 무용수가 출연했다. 이 뮤지컬에는 발레 동작뿐 아니라 민속춤, 현대 무용까지 들어갔다. 1957년 뮤지컬 〈웨스트사이드 스토리〉, 1979년 뮤지컬을 영화로 만든 〈올 댓 재즈〉 등에서도 춤이 중요한 역할을 했다.

힙합과 브레이크 댄스

1980~1990년대에는 '힙합'이 인기를 얻었다. 힙합은 1970년대 미

브레이크 댄스를 추는 댄서
ⒸChris Kirkman

국 뉴욕 흑인 거주 지역인 사우스 브롱크스에서 시작했다. 해당 지역은 경제적으로 낙후되고 범죄가 자주 일어나는 곳이었다. 오래된 레코드판, 타악기, 인기 댄스곡 등을 섞어 힙합곡을 만들었고, 그 곡에 맞춰 거리 갱단의 싸움 동작을 바탕으로 한 브레이크 댄스를 췄다. 몸을 복잡하게 비틀고, 마임 배우처럼 걷고, 목과 어깨를 빠르게 돌렸다. 정해진 발놀림이나 동작 없이 즉흥적으로 췄다. 이런 춤을 추는 무용수에게는 뛰어난 운동 능력이 필요했다.

브레이크 댄스는 마이클 잭슨(1958~2009) 같은 스타가 공연에서 추면서 대중에게 널리 알려졌다. 마이클 잭슨이 보인 '문워크'는 젊은 이들 사이에 큰 유행을 불러일으키는 혁신적인 춤이었다. 브레이크 댄스는 20세기 후반 현대 무용에도 커다란 영향을 끼쳤다. 2004년에는 교황 요한 바오로 2세가 브레이크 댄스 무용가를 초청해 공연을 관람하기도 했다.

현대 중국 무용과 무용가

사교춤과 무도회장

상하이 등 중국 상업 중심지에서는 서양식 사교춤이 유행했다. 1922년 상하이 일품향 호텔에서는 중국 최초로 사교춤 대회가 열렸다. 1923년에는 중국인이 운영하는 무도회장이 처음으로 세워지고, 이후 수십 개나 되는 무도회장이 문을 열었다. 무도회장 입장권은 값이 쌌고, 누구나 구할 수 있어서 많은 사람이 춤을 즐겼다. 1930~1940년대에는 사교춤이 주요 오락거리였다.

외국 무용단도 중국에서 자주 공연했다. 각종 민속 무용, 현대 무용, 고전 무용 등이 무대에 올랐다. 1930년대 이후에는 중국 무용단도 늘어났다. 음악가 '리진후이(1891~1967)'는 1927년 '중화가무전문학교'를 만들어 춤추고 노래하는 공연예술가를 양성했다. 리진후이는 아동 잡지를 내고, 동요를 중심으로 '아동 가무극'을 만들었다. 1930년대 들면서 중국에서 유성 영화가 유행하자, 리진후이는 영화 제작사와 손을 잡고 '롄화가무반'이라는 극단을 만들기도 했다. 이 극 단에서는 영화에 출연하는 가수와 배우, 무용가를 양성했다.

러시아에서 온 무용가들과 새로운 무용 교육기관

중국에 사교춤 등 서양 무용이 유행하면서 춤을 전문적으로 가르치는 학교도 생겨났다. 러시아 혁명(1917) 이후, 러시아 출신 무용가들이 중국으로 많이 넘어왔다. 러시아 출신 '스타나키프'는 하얼빈, 칭다오, 상하이 등에 무용학교를 세우고 왈츠, 탱고 등의 사교춤을 가르쳤다.

'탕화이추'는 프랑스에서 공부한 중국인으로, 1926년 '사교춤교류 학사'라는 무용학교를 만들었다. 이곳에는 직업 무용가가 되려는 사람들도 많이 다녔다. 학교에서 사용하는 교과서를 비롯해 많은 무용 안내서가 출간되었다.

1930년대에는 러시아 출신 무용가이자 안무가 '소콜스키'가 상하이에 무용학교를 열었다. 이 무용학교에서 공부한 중국인 무용가들은 발레 무용수로 활약했다. 이처럼 서양 무용 문화 관련 사업을 토대로 중국 현대 무용이 본격적으로 발전했다.

항일투쟁 시기에 활약한 무용가

1937년 일본이 중국을 침략했다. 예술가들은 예술 활동으로 사람들의 애국심을 불러일으키고 항일투쟁을 격려했다.

'다이아이란'은 이 시기 뛰어난 활약을 한 여성 무용가이다. 당시 영국 식민지였던 남아메리카의 트리니다드 토바고에서 태어난 다이아이란은 원주민들과 함께 춤을 추며 자랐다. 그녀는 14세가 되던 1930년에 영국으로 가서 발레와 현대 무용을 배웠다. 영국 요스 발레 학교에 들어간 그녀는 음악 이론, 안무, 서양 음악사 등을 체계적으로 공부하고, 무대 장치와 인물 분장에 관해서도 배웠다. 다이아이란은 무용극을 만들고 안무가로 활동했는데, 중국 역사에 관심을 가지고 '양귀비'라는 춤을 만들기도 했다.

중일전쟁이 발발하자 다이아이란은 영국에서 중국을 도왔다. 항일 운동을 위한 자금을 모으고, 중국 유격대원을 소재로 한 '진행극'과 '경성', 중국인들이 처한 고통을 표현하는 '수양버들' 같은 무용을 창작했다. 1940년에는 전쟁 중이던 중국에 가서, 일본군이 벌인 잔학한 살육을 고발하는 작품, 중국군이 일본군을 격파한 일을 소재로 한 작품을 만들어 무대에 올렸다. 이렇게 그녀는 무용으로 중국인의 애국심을 키웠다.

다이아이린은 중국 소수민족 무용을 발굴하는 일에도 힘을 쏟았다. 그녀는 묘족, 장족 등 소수민족에게 전해져오는 춤을 배워서 이

춤을 기반으로 새로운 무용을 만들었다. 이 활동으로 '변강*무용가'
라는 별명을 얻었다.

중화인민공화국이 통제한 무용

중화인민공화국은 국가가 주도하여 무용 단체를 만들고, 작품을
창작했다. 정부는 각종 경연 대회와 공연을 주최했는데, 모두 정치적
목적이 있었다.

1954년에는 국가에서 관리하는 '베이징 무용학원'이 문을 열었다.
소련에서 발레를 배워온 무용가들이 활약했는데, 이들은 중국 고전
무용, 무용극, 무용 교육 등에 크게 이바지했다. 1959년에는 국립 '중
앙발레무용단'이 등장했다.

1966년부터 10여 년간 중국은 '문화대혁명'이라는 소용돌이에 빠
졌다. 국가는 정치적인 목적만을 기준으로 예술을 판단했다. 국가는
무용가들이 농사나 노동을 하도록 강제했다. 무용학원은 더 이상 신
입생을 뽑지 않았고, 무용 관련 잡지도 폐간되었다.

중국에는 국가가 인정하는 춤과 노래, 8가지 '양판희'라는 공연만
살아남았다. 양판희 중에는 서양 발레와 중국 민간 무용을 결합한
〈홍색낭자군〉과 〈백모녀〉라는 발레극이 있었다. 무용가들은 이렇게

* 나라 경계가 되는 변두리 땅.

1972년 인민대회당에서 공연한 〈홍색낭자군〉 (리처드 닉슨 대통령 도서관 및 박물관)

국가가 허용하는 공연만 하면서 겨우 명맥을 유지했다.

되살아난 무용

1976년, 중국 공산당 지도자 마오쩌둥이 세상을 떠나면서 문화대혁명도 막을 내렸다. 중국은 개혁과 개방에 나섰고, 중국 무용도 활기를 되찾았다.

중국 전역에서 무용 경연 대회가 열렸고, 중국 무용계는 세계와 활발하게 교류했다. 1980년에는 미국 무용가 '찰스 레인하드'가 무용단을 이끌고 중국에서는 최초로 미국 현대 무용을 공연했다.

고전 무용, 소수민족 무용, 발레, 현대 무용, 무용극 등 중국 무용은 다채롭게 발전했다. 베이징 무용학원은 대학으로 승격했고, 1987년에는 '광둥 현대 무용단'과 '광둥 무용학교'가 탄생했다.

중국 국영 방송사인 '중국 중앙 텔레비전CCTV'을 비롯한 여러 단

〈백조의 호수〉를 공연하는 중국 중앙 발레단

체에서는 무용 경연 대회를 열어 신인 무용가를 발굴한다. 수상자들은 여러 분야에서 활약 중이다. 중국 무용은 세계 무용과 발맞추어 나가기 위한 노력을 이어가고 있다.

우리 현대 무용과 무용가

한성준과 조선음악무용회

1910년 일제는 대한제국을 식민지로 삼았다. 장악원은 '이왕직아
악부'라는 조직으로 바뀌었으며, 장악원에 소속되어 있던 예술가들
은 여기저기로 흩어졌다.

궁중 무용을 담당했던 여악, 즉 기생은 민간에서 기생조합을 만들
어 활동했다. 이들은 궁중정재, 민속무용을 가리지 않고 무대에서 공
연했다. 서양 무용을 받아들이면서 '신무용'이라는 새로운 춤도 등장
했다.

시간이 흐르며 전통무용은 원래의 모습을 잃어갔다. 전통무용을
보존하고 계승한 사람들이 있는데, 무용가 '한성준'도 그중 한 명이었
다. 한성준은 6~7세 무렵부터 외할아버지에게 무용과 북, 줄타기를

배웠다. 그는 외할아버지를 따라 어렸을 적부터 양반집 잔치에 다니
며 공연했고, 그 이후로도 여러 스승을 모시며 무용과 장단을 배웠다.

1908년 원각사가 문을 열자 무대에 오르기 시작한 한성준은 처음
에 판소리 공연에서 북을 치는 '고수'로 이름을 날렸다. 그는 1937년
에 전통무용을 보존하고 계승하기 위한 단체인 '조선음악무용연구
회'를 만들었다. 연구회는 이듬해부터 전국 주요 도시에서 공연했으
며 일본과 만주 지역에도 진출했다.

한성준은 후배 무용가 양성에도 힘을 썼다. 그는 도제식으로 신인
무용가를 발굴하고 가르쳤다. 한성준은 '승무'를 가장 중요한 춤으로
여겨서 그에게 무용을 배우려 하는 사람은 우선 승무를 완전히 익혀
야 했다. 연구소 신입생은 2~3년간 승무만을 집중적으로 익히고, 승
무를 잘 추지 못하면 다음 단계로 넘어가지 못했다. 연구회의 무용가
들은 매년 시험에 통과해야 졸업할 수 있었다. 한성준이 1941년 세상
을 떠나며 조선음악무용연구회도 문을 닫았다.

권번과 기생학교

1908년 국가에서 관리하던 기생 제도가 폐지되었다. 기생은 천민
신분에서 벗어났고, 직업 예술인으로 탈바꿈했다. 기생들은 조합을
만들었는데, 기획사와 비슷하다. 1915년 이후에는 조합 대신 '권번'
이라는 이름을 썼다.

권번은 기생을 교육하고 공연을 영업했다. 이전에 장악원이나 교방에서 하던 교육을 권번과 기생학교가 대신했다. 기생학교에서는 연주, 노래, 춤, 그림, 문학 등을 체

평남평양 기생학교 수업 광경 (국립중앙박물관)

계적으로 가르쳤다. 평양 기생학교가 제일 유명했다. 평양 기생학교는 3년제로 매년 60여 명이 입학했다. 졸업생은 평양, 서울, 대구, 의주 등 대도시 권번에서 일했다.

1920년 방송과 영화가 등장하면서 기생은 활동 폭을 넓혔다. 전통 가무를 계승하고 발전시키는 사람에서 대중 예술가, 연예인으로 변화했다.

1941년 태평양 전쟁이 발발하면서 기생학교는 쇠퇴했다. 1945년 해방 이후에는 권번이 없어졌다.

신무용 탄생과 발전

1920년대에 다양한 서양 무용이 우리나라에 들어왔다. 1925년에는 우리나라에서 소련 무용가 '안나 파블로바'가 발레 공연을 선보였

다. 일본 현대 무용가 '이시이 바쿠'는 서울에서 '신무용 발표회'를 열었는데 이 공연은 우리 무용가들에게 큰 충격을 주었다. 이시이 바쿠가 소개한 무용은 서양식이면서도 독자적인 예술성을 강조한 것이었다.

1929년 무용가 '배구자'는 전통무용과 서양 무용을 결합하려 했다. 그녀는 전통춤을 서양식 극으로 만들거나, 전통춤에 쓰는 음악을 반주로 서양 춤을 추었다. 1929년에는 '배구자 무용 연구소'를 열었고, 민요에 맞춰 춤을 추는 등 다양한 시도를 했다. 1935년에는 남편과 함께 '동양극장'을 세웠다. '배구자 악극단'을 만들어 아리랑을 비롯한 무용극을 선보였다.

'조원택'은 신무용 발전에 이바지한 남성 무용가이다. 그는 원래 테니스 선수였으나 1927년 이시이 바쿠의 공연을 보고 감동하여 무용을 시작했다. 그는 1928년에 일본 이시이 바쿠 무용 연구소에 들어가 현대 무용을 배웠다. 1929년에는 이시이 바쿠 공연에서 자기가 만든 춤을 발표했고, 1934년에는 자신만의 무용 발표회를 열고 작품을 소개했다. 1937년에는 프랑스로 진출하여 유럽에 우리 춤을 소개했다. 그는 해방 후에도 활발히 활동했다.

세계에 이름을 알린 무용가 최승희

우리나라 근대 최고 무용가로 '최승희'를 꼽는다. 사람들은 최승희를 '동양이 낳은 세계적인 무희', '조선의 꽃'이라고 불렀다. 최승희도 이시이 바쿠의 공연을 보고 춤을 추기 시작했다. 1929년에는 '최승희 무용 연구소'를 설립했고, 1930년에는 전국 순회공연을 했다. 그녀는 반일 정신과 민족정신을 담은 무용을 주로 만들었다.

최승희는 1938년 뉴욕 길드극장과 샌프란시스코 카란극장에서 공연했다. 이듬해 파리 공연을 시작으로 벨기에, 네덜란드, 이탈리아 등 유럽 순회 공연도 했다. 그녀는 파리 국립극장, 미국 메트로폴리탄 극장 등 전 세계에서 손꼽는 큰 무대에 올랐다. 서양 언론에서도 최승희를 주목했다. 최승희는 한국인으로서는 처음으로 세계에 이름을 알린 무용가였다.

1940년대에는 일본에서 활발히 활동한 최승희는 해방 이후 북한으로 올라갔다. '평양 최승희 무용 연구소'를 연 최승희는 북한 예술단을 이끌고 소련에서 공연했다. 중국 중앙희극학원에 무용연구반을 열기도 했다. 최승희는 전통무용과 현대 무용을 결합해 독창적인 무용을 만들었다. 영화에도 여러 번 출연하고, 중국 경극을 현대화하는 데 이바지했다. 최승희는 세계적인 무용가로 이름을 남겼다.

해방으로 변화를 맞이한 무용계

1945년 광복 후, 식민지 시절 억눌려 있던 문화 예술 활동이 되살아나고 각종 문화 예술 단체가 등장했다.

1946년 2월에는 무용가들이 모여 '조선무용예술협회'를 만들었다. 조택원이 위원장을 맡았고, 발레는 정지수, 현대 무용은 최승희, 교육 무용은 함귀봉이 책임졌다. 1946년 11월에는 전통무용을 계승한 무용가들이 모여 '대한무용예술협회'를 만들었다. 그러나 이 두 단체는 그리 오래가지 못했다.

이어서 함귀봉, 조택원, 정지수 등이 '조선교육무용연구소'를 만들었다. 당시 우리나라를 관리하던 미국 군정청*에서 적극적으로 지원했다. 연구소는 무용 창작과 교육에 필요한 인력을 양성했다.

1946년 10월에는 '한동인', '정지수', '장추화' 등의 무용가가 '서울발레단'을 창단했다. 한동인과 정지수는 일본에서 발레를 배우고 돌아온 무용가였다. 우리나라에 처음 등장한 전문 발레단이다.

광복 이후 우리나라 무용계

광복의 기쁨을 누린 지 얼마 지나지 않아 우리나라는 6·25 전쟁으로 다시 위기에 빠졌다. 무용은 1960년대에 들어서며 다시 번성하기 시작했다. 1961년 무용인들은 '대한무용협회'를 결성했다. 이 단체는 무용 경연 대회 등을 주관했다. 1962년부터 오랫동안 전해온 전통 공연, 미술, 공예 등을 무형문화재로 지정해 보호했다. 강강술래,

---

* 1945년 해방 이후 북위 38도선을 기준으로 남쪽에는 미군이, 북쪽에는 소련군이 들어왔다. 정부 수립 전까지 남과 북을 나눠 관리했다.

진주 검무, 승무, 봉산탈춤, 처용무, 송파산대놀이, 태평무, 살풀이춤 등 전통무용은 '국가무형문화재'가 되었다.

1962년에는 '국립무용단'이 창단했다. 이들은 전통춤을 다시 살리고 현대적인 무용을 창작했다. 1970년대 대도시를 중심으로 시립 무용단이 많이 등장하기도 했다. 1974년에는 국립무용단에서 발레를 구분해 '국립발레단'으로 만들었다. 1970년대 중반 이후 젊은 무용가들을 중심으로 무용 이론에 바탕을 둔 새로운 춤을 활발하게 만들기 시작했다.

변화하는 무용 교육

1950년대 이전에는 유명 무용가가 만든 연구소에서 무용가를 양성했다. 이곳에서 무용 공연을 올리기도 했다. 1950년부터는 많은 대학에서 무용을 가르치기 시작했다. 경기대는 교육 무용과, 중앙대는 체육 무용과를 만들었으며 이화여자대학교 무용과를 시작으로 여러 대학에 무용과가 생겼다.

개인이 운영하는 무용 연구소는 1960년대 이후 줄어들기 시작했다. 대신 대학 무용과에 진학하려는 학생에게 무용을 가르치는 무용 학원이 늘어났다.

늘어난 국제 교류

1980년대에는 작은 극장이 많이 생겼다. 젊은 무용가들은 새로운 기법을 도입한 실험적인 작품을 소극장 무대에 올렸다. 현대 무용을 우리 식으로 해석하는 등의 시도가 이루어졌다.

1986년 아시안 게임, 1988년 서울 올림픽 등 1980년대에는 큰 규모의 국제 행사가 열렸다. 우리나라를 찾은 외국인들 앞에서 한국 무용을 선보이고, 외국 무용단도 우리나라에서 공연했다. 우리나라 무용가들도 이를 기반으로 외국에 가서 공연하고, 전통춤부터 현대 무용까지 다양한 작품을 해외에 소개했다.

21세기에 들어서 국내 무용계는 더욱 발전했다. 국제 교류도 크게 늘었고, 다른 예술 분야와 함께하는 작업도 늘었다. 2010년에는 현재 사회와 생활을 이야기하는 무용, 지역과 세대를 건너 즐기는 무용을 만드는 '국립현대무용단'이 등장했다. 이제 우리 현대 무용은 외국에서도 인기를 끌고 있다. 우리나라 무용가와 안무가는 전 세계에서 활약한다.

스트리트 댄스의 인기

대중문화를 기반으로 발전한 춤, '스트리트 댄스'는 자기를 표현하기 위한 즉흥적인 춤이다. 비보잉, 왁킹, 프리스타일 힙합댄스, 하우스, 크럼프 등이 있다. 1980년대 미군 방송을 통해 우리나라에 들어왔다. 미국 팝 가수 마이클 잭슨 공연과 「플래시 댄스(1983)」 같은 할리우드 영화에 등장해 큰 인기를 끌었다. 우리나라에서는 1990년대 초 힙합댄스를 추는 가수가 등장해 젊은이들 사이에 급속히 퍼졌다.

스트리트 댄스를 공연하는 무용가
ⓒEduardo de São Paulo

21세기에 들어 스트리트 댄스는 다양한 영역으로 확대되었다. 공연뿐 아니라 춤으로 대결을 벌이는 배틀 형식도 늘어났다. TV에서 방송하는 '댄스 배틀' 프로그램이 큰 인기를 얻었다. 국내 스트리트 댄서들의 실력도 뛰어나 각종 국제 대회에서 좋은 성적을 거둔다. 여성 가수들이 추는 힙합 댄스도 큰 인기로, 각종 상품 광고에 단골로 등장한다. 전문가뿐 아니라 일반인들도 취미로 스트리트 댄스를 배우고 즐긴다.

발전하는 실용 무용

건강을 위해, 여가를 즐기기 위해, 사교생활을 위해 참여하는 춤을 실용 무용이라고 한다. 생활무용이나 사회 무용이라고도 부른다. 에

어로빅댄스, 다이어트 댄스, 레크리에이션 댄스 등이다. 실용 무용은 관람 위주의 공연 예술이 아니다. 예술적인 표현이라기보다는 놀이에 가깝다. 보통 건강이나 미용 등 구체적인 목적이 있다.

1980년대 이후 실용 무용을 즐기는 사람은 계속 늘어났다. 실용 무용을 가르치는 전문 교육기관도 생겼다. 실용 무용을 전공한 무용가는 공연, 방송, 영화 등에서 활동하고 여러 교육 기관에서 실용 무용을 가르치는 강사로도 활약한다.

오늘날과 미래의
무용가

오늘날에는 춤에 관심이 있는 사람이라면 어디서든 제한 없이 무용을 배울 수 있게 되었다. 많은 사람이 인터넷으로 춤추는 모습을 공유한다. 아마추어 무용수도 인터넷으로 스타가 되기도 한다.

새로운 무용

무용가와 안무가

춤은 소리와 박자에 맞춰 몸을 움직여 감정, 생각, 느낌을 표현하는 것이다. 무용가는 원하는 내용을 전달하기 위해 춤을 연습하고 무대에 올라 대중 앞에 춤을 선보인다. 함께 무대에 오르는 무용가들과 더불어 춤과 움직임을 맞춘다. 많은 사람이 무용가의 춤추는 모습을 공연장에서, 영화관에서, 또는 원하는 곳 어디서든 TV와 인터넷을 통해 감상한다.

춤과 움직임을 창작하는 사람이 '안무가'이다. 안무가는 동작을 언어로 사용해 감정이나 느낌을 표현한다. 춤으로 관객에게 긴장감을 주고, 기대감을 주기도 한다. 안무가는 무용가에게 춤을 가르치는 사람이다. 무대 배경, 의상, 조명 등에도 의견을 주기도 한다. 즉흥적으로 추는 춤을 제외한 모든 춤은 안무가의 손을 거친다. 무용가로 경험과 경력을 쌓은 후 안무가로 활동하는 경우가 많다.

순수 무용과 실용 무용

무용은 크게 순수 무용과 실용 무용으로 나눈다. 예술적 표현과 아름다움을 강조하는 무용을 '순수 무용(예술 무용)'이라 한다. 전통무용, 발레, 현대 무용 등이 순수 무용이다. 일상생활에서 여러 사람이 즐기는 무용을 '실용 무용'이라 한다. 스트리트 댄스, 재즈 댄스, 에어로빅댄스, 사교춤 등이다. 순수 무용은 대부분 전문 무용가가 공연한다. 실용 무용은 관객을 대상으로 공연하기도 하지만 기본적으로는 누구나 참여할 수 있다.

무용가가 활동하는
여러 가지 방법

무용단에 소속되기

무용가가 활동하는 가장 일반적인 방법은 무용단에 들어가는 것이다. 전통무용, 발레, 현대 무용, 실용 무용 등 모두 전문 무용단이 있다. 이 무용단은 무용가를 고용한다. 무용가는 무용단이 세운 계획에 따라 연습하고 공연한다.

단기 계약 활동

무용가들은 단기 계약을 맺고 활동하기도 한다. 유명 가수가 새로운 앨범을 발표할 때, 뮤직비디오를 촬영할 때 등 그 일을 하는 동안만 보수를 받으며 일하기도 한다. 지역 축제 무대, 쇼핑몰이나 상점이 문을 열었을 때 축하 행사, 방학을 맞이한 아이들을 위한 특별 공연,

기업이나 공공 기관의 기념행사, 지방 순회공연 등 다양한 단기 계약 활동이 있다. 기획사에 속한 무용가는 회사가 계약과 관련된 일을 처리하고, 개인으로 활동하는 무용가는 주최와 직접 계약한다.

무용 교사

무용 교사의 역할도 중요하다. 무용 교사는 춤을 잘 출 뿐 아니라 신체가 작동하고 움직이는 방식을 잘 알아야 한다. 학생을 가르치는 교수법에도 익숙해야 한다.

무용 교사는 교육 기관이나 사설학원에서 춤과 관련된 이론, 실제 춤추는 법을 지도한다. 프리랜서로 특정 학교나 스튜디오에 속하지 않고 가르치는 교사도 있다.

최근에는 온라인에 무용 수업을 개설하는 사람도 늘고 있다. 온라인 수업은 많은 사람이 쉽게 이용할 수 있고 무용가에게는 새로운 기회를 제공한다.

스포츠 경기 치어리더

전 세계 스포츠팀은 무용수를 고용한다. 이들은 경기 시작 전, 경기 중 쉬는 시간 등에 공연한다. 이들을 '치어리더'라 한다.

치어리더는 경기 중 관중들이 흥을 낼 수 있도록 활기찬 분위기를 만든다. 치어리더는 응원 외에도 팀을 대표해 각종 행사에 참여하기도 한다. 치어리더는 스포츠팀 이미지에도 영향을 준다. 팀에 따라 치어리더에게 엄격한 훈련과 규칙을 요구하기도 한다. 치열한 경쟁을 거쳐야 인기 스포츠팀 치어리더가 될 수 있다. 치어리더로 유명해진 다음 배우나 모델 등 다른 분야로 진출하는 사람도 있다.

무용 공연을 만드는 사람들

춤 공연을 무대에 올리기 위해 노력하는 다른 직업도 있다. '의상 디자이너'는 무용 의상을 만든다. 무대 위에서 옷이 어떻게 보일지, 무용가가 어떤 옷을 입어야 편하게 춤을 출 수 있는지, 옷을 고정하는 끈이나 핀은 얼마나 튼튼해야 하는지 등을 잘 알고 있어야 한다. '메이크업 아티스트'와 '헤어 디자이너'는 무대 위의 무용가가 돋보이도록 무대 주제에 맞춰 화장하고 머리 모양을 단장한다.

'세트 디자이너'는 관객에게 주제를 잘 전달하고 관객의 머릿속에 인상깊게 남도록 무대를 꾸민다. 무대 조명을 담당하는 '조명 기술사'도 빼놓을 수 없다. 무대 위와 객석 여러 곳에 조명을 설치하고 조작한다. '댄스 포토그래퍼'는 무용 사진을 전문으로 찍는 사람이고, 무용 영상을 주로 찍는 사람은 '댄스 비디오그래퍼'라고 한다.

무용가를 지망한다면

무용은 몸으로 표현하는 일이다. 몸이 유연하고 운동 능력이 뛰어난 사람이 유리하다. 전문 무용가가 되려는 사람은 대부분 어려서부터 고되게 몸을 단련한다. 인내심과 체력이 있어야 이 과정을 이겨나갈 수 있다.

다른 예술과 마찬가지로 아름다움에 대한 예민한 감각, 풍부한 감성, 새로운 춤을 만들어 내는 창의력, 인간과 사물을 잘 살피는 관찰력 등도 필요하다.

공연 예술은 여러 사람이 힘을 합쳐 완성한다. 무용가도 여러 공연 관계자와 협력해야 한다. 자기 생각을 전달하고, 다른 사람 이야기를 잘 듣는 의사소통 능력이 있어야 한다.

미래 무용가는
어떤 모습일까?

가까운 미래

무용가의 숫자는 2031년까지 크게 변하지 않을 것이라 짐작한다. 무용 공연 횟수는 매년 늘기도 하고 줄기도 한다. 순수 무용 분야는 정부나 공공 기관의 꾸준한 후원을 받아 안정적으로 유지된다. 실용 무용, 특히 대중 공연에서 활동하는 무용가에게는 기회가 늘어날 것이라고 예측한다. 특히 우리나라 대중가요가 전 세계적으로 인기를 끄는 만큼 함께 무대에 오르는 무용가도 자연스럽게 늘어날 것이다.

인터넷을 이용한 온라인 플랫폼, 소셜 미디어에 자기가 춘 춤이나 창작 무용을 콘텐츠로 올리는 일도 늘고 있다. 극장이나 방송이 아니라도 무용가가 활동할 수 있는 무대는 늘어날 것이다(한국 직업 전망 2021, 한국고용정보원).

미래 무용 공연

COVID-19(코로나) 감염병 유행 이후 공연 예술 분야도 큰 변화를 맞았다. 많은 사람이 한곳에 모이지 못하는 상황에서 여러 공연이 온라인 실황 중계를 시도했다.

2020년, 젊은 안무가의 안무 창작 경연 대회를 실제 관객 없이 온라인으로 진행했다. 공연은 인터넷 포털로 생중계했고, 촬영한 동영상은 이후 유튜브 채널에 올렸다. 한국무용협회에서 진행하는 '전국무용제'에는 관객 100명만 입장하도록 하고, 나머지 관객은 후에 인터넷에 올라온 동영상으로 무대를 볼 수 있었다. 공연 동영상은 저작권이나 공연의 희소성 문제 등으로 온라인에서 일정 시간 동안만 공개된다.

온라인 공연은 현장에서 보는 것 만한 생생함을 느끼기 어렵고, 공연의 감상과 분위기를 다른 관객과 나누기 어렵다. 공연에 집중하기 어려울 수도 있고, 공연이 주는 감동과 재미를 제대로 느끼지 못할 수 있다. 이런 문제점을 어떻게 극복하느냐가 온라인 공연의 큰 숙제로 남아 있다. 대신 온라인 공연을 보는 관객은 자기 개인 공간에서 감상할 수 있다는 장점이 있다. 특수한 상황에서 갑작스럽게 온라인 공연이 늘어났지만, 미래에는 더 많은 소통이 가상공간에서 이루어질 것이다.

인공지능이 만드는 무용

여러 무용가, 안무가, 과학자들이
인공지능을 이용한 안무 창작을 시
도해 보고 있다. 인공지능은 인간
의 움직임을 학습하고 이를 바탕으
로 새로운 안무를 만들어 낸다. 이를
'생성형 안무generative choreography'
라 부른다.

chor-rnn이 학습하는 데
이터 (유튜브 캡처 https://
youtu.be/W1oRgDPxEkc)

소프트웨어 회사 '펠라티온'은 'chor-rnn'이라는 프로그램을 발표
했다. 무용가는 관절 부위에 특별한 전기 장치를 설치한 옷을 입고 춤
을 춘다. 그러면 전기장치로 움직임을 감지한 프로그램은 무용가의
관절이 어떻게 움직이는지를 학습한다. 프로그램은 이틀 정도 학습
을 마치면 숙달된 안무가처럼 안무를 구성한다. 안무가는 이 안무를
바탕으로 새로운 안무를 창작한다.

2019년 영국 안무가 '웨인 맥그리거'는 구글과 협력해 인공지능 안
무 프로그램을 만들었다. 그리고 인공지능이 만든 움직임을 활용해
2019년 '리빙 아카이브: AI 퍼포먼스 실험'이라는 30분짜리 작품을
공연했다. 인공지능은 웨인 맥그리거가 만든 무용을 분석하고 학습
했다. 공연에 참여할 무용단원이 연습하는 장면도 학습했다. 각각의
무용수가 지닌 신체적 특징을 분석한 인공지능은 무용수의 동작을

보고 그다음에 이어질 수 있는 춤 동작 30개를 만들어 냈다. 맥그리거는 이를 활용해 새로운 동작을 안무에 적용했다. 맥그리거는 이 프로그램을 활용하여 무용가들이 표현할 수 있는 수많은 움직임을 찾아냈다.

덴마크 무용단 예술 감독 '폰투스 리드버그'와 컴퓨터 전문가 '세실리 와그너 폴켄스트롬'은 안무를 창작하는 인공지능을 개발했다. 인공지능은 리드버그가 만든 안무 외에도 행성이 움직이는 궤도, 그리스 비극 구조, 기호학 등 다양한 분야를 학습했다. 2020년 무용수 9명과 인공지능을 탑재한 스크린이 함께 무대에 올라 '켄타우로스'라는 작품을 공연했다. 인공지능은 무용수가 어떻게 움직여야 하는지를 음성으로 지시한다. 무용수가 지시에 따라 움직이면 이를 다시 분석해 다음 동작을 또 지시한다. 인공지능이 어떻게 움직이라고 지시할지는 프로그램을 만든 폴켄스트롬도 예측하지 못 한다. 켄타우로스는 공연할 때마다 달라지기 때문이다. 인공지능과 인간이 결합해 만들어내는 결과이다.

생성형 인공지능 기술은 나날이 발전하고 있다. 인공지능이 만든 춤을 예술로 인정해야 하는지에 관해서는 아직 논쟁 중이다. 인공지능으로 가치 있는 예술 작품을 만들려면 어떻게 해야 하는지도 연구하고 있다. 기술 발달은 예술이 무엇인지 다시 생각하게 했다. 금방 결론을 내리기 힘든 문제이다.

어떻게 무용가가 될 수 있나요?

무용을 배울 수 있는 곳

무용가가 되기 위해서 특별한 자격이 필요하지는 않다. 다만 학교에서 무용을 체계적으로 공부하고 연습한 사람이 많다. 예술 교육을 전문으로 하는 중학교와 고등학교에는 대부분 무용 전공이 있다. 무용도 한국무용, 발레, 현대 무용, 실용 무용 등 분야를 구체적으로 나눌 수 있다. 대학에 진학하면 무용 실기를 배우고 공연 활동도 한다. 무용을 학문적으로 연구할 수 있는 기반도 닦는다.

사설 무용 학원도 많다. 무용 학원에서는 무용 전공 학과에 진학하는 데 필요한 실기를 가르친다. 무용 전공 입시에서도 실기시험이 중요하다. 유명한 무용가를 스승 삼아 개인 지도를 받는 사람도 있다. 실기시험에서는 대개 기초적인 춤 동작과 복잡한 춤 동작을 나눠서

테스트한다. 학교에서 마련한 기본 영상을 따라 해야 하는 경우도 있고, 개인이 음악과 춤을 준비해야 하는 경우도 있다. 무용 입시에서는 복장과 장신구를 엄격히 제한하고는 하는데, 시험을 치르는 사람은 옷 종류와 색깔, 머리 모양, 부착물 등을 학교 규정에 따라 준비해야 한다. 규정을 위반하면 아예 실기시험을 치르지 못한다.

대중 무용을 가르치는 학원도 많다. 진학보다는 연예 기획사 오디션 등 다른 목표로 훈련하기도 한다. 취미로 무용을 배우는 사람을 위한 학원도 있다.

직업 무용가 되기

무용가는 무용단에 들어가거나 개인으로 활동한다. 무용단은 국가나 지방 정부에서 운영하는 국립, 시립 무용단과 단체나 개인이 운영하는 사립 무용단이 있다. 같은 학교 출신끼리 만든 동문 무용단도 있다. 무용단에 들어가기 위해서도 실기시험인 오디션을 거쳐야 한다. 공개적으로 오디션을 치르기도 하고, 때로는 추천받아 선발하기도 한다. 무용단 내에도 자체적인 승진 제도가 있다. 무용가로 경력을 쌓고 안무 창작에 관심이 있는 사람은 안무가로 활동하기도 한다. 무용단을 책임지는 단장 자리에 오르는 사람도 있다.

개인 무용가가 교육 기관이나 스튜디오를 차리는 경우도 있다. 실용 무용을 하는 사람은 연예 기획사에 들어가서 일하기도 한다. 개인 무용가는 직접 공연 기회를 찾아야 한다. 요즘은 SNS나 유튜브 등을 활용한다. 자기 작품이나 공연 영상을 올려 유명해지기도 한다.

무용가 현황

무용가도 그 수를 정확히 알기 어렵다. 매년 새롭게 무용을 시작하는 사람도 있고, 그만두는 사람도 있다. 자격증이 필요 없기에 국가나 지방정부도 정확히 파악하지 못하고 있다. 문화체육관광부 '예술인 실태조사'를 보면 2020년 한국무용, 발레, 현대 무용 등 순수 무용과 그 외 무용 활동을 하는 사람은 1만 1천여 명이다. 여성이 남성보다 3배 정도 많다. 신체 능력이 중요한 직업이기에 무용가로 활동하는 사람의 연령대는 주로 20~30대다.

과목 · 과정	초등학교
5학년 사회	옛사람의 삶과 문화 / 사회의 새로운 변화와 오늘날의 우리
6학년 사회	우리나라의 경제 발전 / 세계 여러 나라의 자연과 문화
실과 5	나의 진로
음악 6	자랑스러운 우리 문화유산 / 세계 여러 나라의 민요
체육 5	표현

과목 · 과정	중학교
사회1	개인과 사회생활 / 사회 변동과 사회 문제
역사1	문명의 발생과 고대 세계의 형성 / 지역 세계의 교류와 변화 / 제국주의 침략과 국민 국가 건설 운동 / 세계 대전과 사회 변동 / 현대 세계의 전개와 과제
역사2	선사 문화와 고대 국가의 형성 / 남북국 시대의 전개 / 고려의 성립과 변천 / 조선의 성립과 발전 / 조선 사회의 변동 / 근·현대 사회의 전개
음악1	삶을 노래하는 흥겨운 민요 / 우리나라 음악의 연주 형태 / 서양 음악의 연주 형태 / 생활 속에서 즐기는 음악
음악2	우리나라 음악사 / 서양 음악사
진로와 직업	일과 직업 세계의 이해 / 진로 탐색 / 진로 디자인과 준비

과목 · 과정	고등학교
음악	감상으로 만나는 음악 / 생활 속의 음악
세계사	인류의 출현과 문명의 발생 / 동아시아 지역의 역사 / 서아시아 · 인도지역의 역사 / 유럽 아메리카 지역의 역사 / 제국주의와 두 차례 세계 대전 / 현대 세계의 변화
동아시아사	동아시아 역사의 시작 / 동아시아 세계의 성립과 변화 / 동아시아의 사회 변동과 문화 교류 / 동아시아의 근대화 운동과 반제국주의 민족 운동 / 오늘날의 동아시아
사회 · 문화	문화와 일상생활 / 현대의 사회 변동
한국사	전근대 한국사의 이해 / 근대 국민 국가 수립 운동/ 일제 식민지 지배와 민족 운동의 전개 / 대한민국의 발전
진로와 직업	일과 직업 세계의 이해 / 진로 탐색 / 진로 디자인과 준비

미래를 여는 경이로운 직업의 역사

아름다움을 다루는 직업 Ⅲ | 음악가 · 무용가

초판 1쇄 발행 2024년 1월 24일
초판 2쇄 발행 2024년 8월 9일

지은이	박민규
펴낸이	박유상
펴낸곳	빈빈책방(주)
편집	배혜진 · 정민주
디자인	기민주
일러스트	김영혜

등록	제2021-000186호
주소	경기도 고양시 덕양구 중앙로 439 서정프라자 401호
전화	031-8073-9773
팩스	031-8073-9774
이메일	binbinbooks@daum.net
페이스북	/binbinbooks
네이버 블로그	/binbinbooks
인스타그램	@binbinbooks

ISBN 979-11-90105-71-2 (44190)